职业教育汽车类专业改革示范新教材
"双证融通"改革试点汽车运用与维修专业教材

微课版

汽车机械系统结构与拆装

主编 忻芸 王伟春

华东师范大学出版社
·上海·

序 XU

  为进一步提升职业院校人才培养质量，落实立德树人根本任务，推动职业教育人才培养供给侧与需求侧的紧密对接，服务学生终身发展，上海市教育委员会教学研究室于2011年在全国率先探索以"双证融通"为标志的"双证书"制度的新型实践模式，创新整体育人理念指导下的供给侧改革思维，实现职业教育人才培养机制的重大突破。

  作为首批试点单位，上海市交通学校汽车运用与维修专业开展"双证融通"专业教学改革实践已逾六年。学校联合兄弟院校在"双证融通"专业教学实施方案编制、课程体系建设、课程标准研制与课程考核实施等方面承担了一系列探索性工作。

  为满足汽车运用与维修专业"双证融通"课程教学需求，上海市交通学校、上海市公用事业学校、上海市现代职业技术学校、上海市南湖职业学校的专业骨干教师依据《上海市中等职业学校"双证融通"改革试点汽车运用与维修专业教学文件》，联合开发了汽车机械系统结构与拆装、汽车使用与维护、汽车机械系统检修、汽车基础电气设备检修四门"双证融通"课程教材。此系列教材注重学生职业能力培养，将课程内容要求（包括职业资格证书的应知应会要求）都细化到知识点、技能点，既夯实、强化专业能力，又注重培养学生适应未来职业变化所需的关键能力，实现了学历证书与职业资格证书的内涵与要求深度融合。

  此系列教材在国内"双证融通"专业教学改革实践中具有一定的创新性和较高的实践价值。期待此系列教材的出版能推进上海市汽车运用与维修专业教师的"教"与学生的"学"，也期待同学们在汽车专业的学习中更加出彩！

上海市教育委员会教学研究室

　　党的二十大报告指出"加快建设制造强国、质量强国、航天强国、交通强国、网络强国、数字中国",汽车产业是交通强国的重要组成部分。

　　本教材是中等职业学校汽车运用与维修专业的双证融通教材,是一门重要的专业核心课程。学生通过本课程能习得汽车发动机和底盘机械系统结构与拆装的基本知识、拆装方法与规范,掌握对汽车发动机和底盘机械系统拆装的基本技能,为学生进入汽车维修工岗位奠定基础。

　　本教材以培养职业技能人才为导向,按照汽车维修职业岗位(群)的能力要求,培养学生就业、创业和适应岗位变化的能力,并具有可持续发展和再学习的能力。通过本课程的学习,学生能获取国家相应的职业技能鉴定证书和企业相应的岗位证书。

　　教材内容包括:维修钳工操作项目;曲柄连杆机构拆装、配气机构拆装、冷却系统拆装、润滑系统拆装等4个发动机系统项目;传动系统拆装、转向系统拆装、行驶系统拆装、制动系统拆装等4个底盘系统项目。

　　教学采用理实一体化教学模式,包括运用多媒体技术(PPT)讲述相关的检修基础知识、播放多媒体视频演示实操步骤与技能、运用仿真软件帮助学生理顺操作思路和实车操作技能训练4个教学环节,让学生具备汽车维修工(四级)的基本职业能力和相关知识。实操技能教学和训练约占教学总课时的50%～70%。

　　本书共216课时,建议课时分配如下

项　　目	理论课时	实操课时	项目课时
项目一　维修钳工操作	8	16	24
项目二　曲柄连杆机构拆装	10	26	36
项目三　配气机构拆装	8	20	28
项目四　冷却系统拆装	6	6	12
项目五　润滑系统拆装	6	6	12
项目六　传动系统拆装	10	22	32
项目七　行驶系统拆装	12	12	24
项目八　转向系统拆装	6	6	12
项目九　制动系统拆装	8	24	32
机动	2	2	4
合计	76	140	216

参与本教材编写的有上海市交通学校忻芸(项目二、四、五);上海市交通学校王伟春(项目六);上海市交通学校李中元(项目一);上海市交通学校王磊俊(项目三);上海市公用事业学校曹蕊(项目七);南湖职校二分校顾黎铭(项目八);上海市现代职业技术学校谢逸卿(项目九)。此外本教材还得到上海交通职业学院副教授吕坚在维修技术方面的的支持和帮助,在此一并表示感谢!

由于缺乏经验,本教材还存在很多不足,希望在选用本教材的院校在实施专业教学的过程中,能向编者提出意见和建议,以便今后修订时改正和完善。

编　者
2024 年 2 月

目 录

项目一　维修钳工操作 ……………………………………………………… 1

　模块一　锯削操作 …………………………………………………………… 2
　　　任务1　划线操作 ……………………………………………………… 2
　　　任务2　锯削操作 ……………………………………………………… 8
　模块二　锉削操作 …………………………………………………………… 17
　　　任务　锉削操作 ………………………………………………………… 17
　模块三　攻丝操作 …………………………………………………………… 27
　　　任务　攻丝操作 ………………………………………………………… 28

项目二　曲柄连杆机构拆装 …………………………………………………… 35

　模块一　气缸盖和油底壳拆装 ……………………………………………… 42
　　　任务1　气缸盖拆装 …………………………………………………… 42
　　　任务2　油底壳拆装 …………………………………………………… 49
　模块二　活塞连杆组拆装 …………………………………………………… 55
　　　任务　活塞连杆组拆装 ………………………………………………… 55
　模块三　曲轴飞轮组拆装 …………………………………………………… 69
　　　任务　曲轴飞轮组拆装 ………………………………………………… 69

项目三　配气机构拆装 ………………………………………………………… 83

　模块一　正时皮带拆装 ……………………………………………………… 84
　　　任务　正时皮带拆装 …………………………………………………… 84
　模块二　气门传动组件拆装 ………………………………………………… 93
　　　任务　气门传动组件拆装 ……………………………………………… 93
　模块三　气门组件拆装 ……………………………………………………… 102
　　　任务　气门组件拆装 …………………………………………………… 102

项目四　冷却系统拆装 ………………………………………………………… 111

　模块一　电子风扇和散热器拆装 …………………………………………… 114
　　　任务　电子风扇和散热器拆装 ………………………………………… 115

模块二	水泵和节温器拆装	127
	任务 水泵和节温器拆装	128

项目五 润滑系统拆装　137

模块一	机油滤清器拆装	140
	任务 机油滤清器拆装	141
模块二	机油泵拆装	148
	任务 机油泵拆装	17

项目六 传动系拆装　157

模块一	前轮驱动轴拆装	159
	任务 前轮驱动轴拆装	159
模块二	手动变速器拆装	168
	任务 手动变速器拆装	168
模块三	离合器拆装	193
	任务 离合器拆装	193

项目七 行驶系统拆装　205

模块一	车轮与轮毂拆装	207
	任务 车轮与轮毂拆装	207
模块二	独立（前）悬架拆装	213
	任务 独立（前）悬架拆装	214
模块三	非独立（后）悬架拆装	222
	任务 非独立（后）悬架拆装	223

项目八 转向系统拆装　229

模块一	转向拉杆拆装	231
	任务 转向拉杆拆装	232
模块二	液（电）动力转向器拆装	239
	任务 液（电）动力转向器拆装	239

项目九 制动系统拆装　251

模块一	盘式（前）制动器拆装	253
	任务 盘式（前）制动器拆装	253
模块二	鼓式（后）制动器拆装	265
	任务 鼓式（后）制动器拆装	265
模块三	制动总泵和助力器拆装	279
	任务 制动总泵和助力器拆装	279

项目一　维修钳工操作

项目导学

钳工是主要手持工具对夹紧在钳工工作台虎钳上的工件进行切削加工的方法,它是机械制造中的重要工种之一。汽车维修钳工工艺是汽车修理工艺的基础。汽车的维护和修理、汽车零件的新制和旧件修复以及汽车的装配,都需要具有一定的钳工基础。这里我们从实用角度出发,介绍汽车维修钳工的基础知识,其主要内容包括画线、锯割、锉削、攻丝、汽车维修钳工常用工具和专用工具的使用等,本项目的主要任务如图1-1所示。

▲图1-1　维修钳工任务示意图

模块一 锯削操作

学习目标

- 了解常用锯条的类型、用途。
- 能按图纸要求在工件上进行划线。
- 能正确使用锯弓进行工件锯削。
- 熟悉钳工操作的安全操作意识。

学习导入

▲图1-2 锯削操作

锯割是用锯条,把原材料或工件分割成几个部分的锯削加工,如图1-2所示。大型工件或原材料通常用机械锯、剪板机等设备或气割、电割等方法切割。

任务1 划线操作

任务描述

根据图纸和实物的要求,在零件表面(毛坯面或已加工表面)准确地划出加工界线的操作称为划线。划线是汽车维修钳工的一种基本操作,是零件加工或维修过程中的一个重要工序。

任务准备

一、知识准备

1. 划线的作用

划线是根据图样的尺寸要求,用划针、划规等工具在毛坯或半成品上划出待加工部位的轮廓线(或称加工界线)或作为基准的点、线的一种操作方法。划线的精度一般为 $0.25 \sim 0.5$ mm。

(1)确定各表面的加工余量、确定孔的位置,使机械加工有明确的标志。所划的基准点或线是工件安装时的标记或校正线。

(2) 在单件或小批量生产中,用划线来检查毛坯或半成品的形状和尺寸,合理地分配各加工表面的余量,及早发现不合格品,避免造成后续加工工时的浪费。

(3) 在板料上划线下料,可做到正确排料,使材料合理应用。划线是一项复杂、细致的重要工作,如果划线出错,就会造成加工工件的报废,所以划线直接关系到产品的质量。

2. 划线种类

划线分为平面划线和立体划线。

(1) 平面划线:是指在工件的一个平面上划线后即能明确表示加工界线,它与平面作图法类似,如图1-3所示。

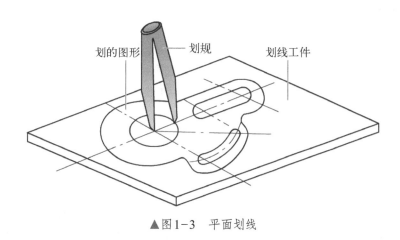

▲图1-3　平面划线

(2) 立体划线:是平面划线的复合,是在工件的几个相互成不同角度的表面(通常是相互垂直的表面)上都划线,即在长、宽、高三个方向上划线,如图1-4所示。

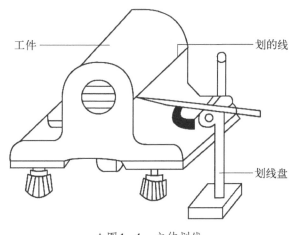

▲图1-4　立体划线

3. 划线基本工具

1) 划针

划针是用于在被划线的工件表面沿着钢板尺、直尺或样板进行划线的工具。常用的划针是用 $Φ3～4$ mm 的尖角弹簧钢丝制作的(有的尖端部位焊有硬质合金),并经过热处理,硬度达 HRC55～60。一般有弯头划针和直划针两种,弯头划针用在直划针划不到的地方,如图1-5所示。

2）划线盘

划线盘有普通划线盘和可微调节的划线盘。图1-6所示划线盘为可微调节的一种。它由底座、立杆、划针和锁紧装置等组成。划线盘是在工件上划线和校正工件位置的常用工具,划针的一端焊上硬质合金,另一端弯头是校正工件用的。划线时在量高尺上取出尺寸进行操作,划线精度为0.2 mm,划线盘不用时应将划针头朝下放置,如图1-6所示。

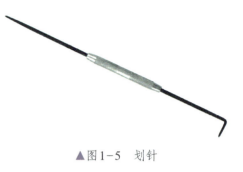

▲图1-5 划针

3）高度游标卡尺

高度游标卡尺是根据游标卡尺原理制成的划线工具,除用来测量工件的高度外,还可用来作半成品划线用,其读数精度一般为0.02 mm。高度游标卡尺是精密工具,它只能用于半成品（已加工的表面）划线,不允许用它划毛坯。如图1-7所示。

4）划规

划规是汽车维修钳工作业中常用的划线工具。是划圆或弧线、等分线段及量取尺寸等用的工具。它的用法与制图的圆规相似。可以把钢尺上量取的尺寸用划规移到工件上划线段、做角度、划圆角或曲线,测量两点距离等,如图1-8所示。

5）样冲

样冲是在划好的线上冲眼时使用的工具,用于在工件划线点上打出样冲眼。冲眼是为了强化显示用划针划出的加工界线,也是使划出的线条具有永久性的位置标记。另外它也可在划圆弧时作为定圆心点使用,在划圆和钻孔前了应在其中心打样冲眼,以便定圆心,如图1-9所示。

6）划线平板

划线平板由铸铁制成,整个平面是划线的基准平面,要求非常平直和光洁,如图1-10所示。

▲图1-6 划针盘

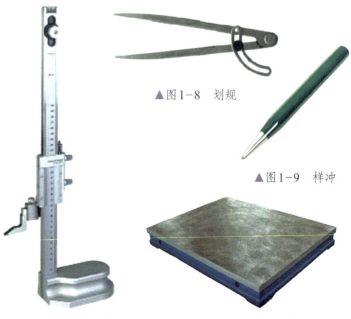

▲图1-7 高度游标卡尺　　▲图1-8 划规　　▲图1-9 样冲　　▲图1-10 划线平板

二、器材准备

名　　称	图	用　　途
划针、划规		用于划直线、用于划圆弧
划线平板、高度游标卡尺		用于测量平面度、直线度、高度等形位公差和精密划线
90°直角尺、直尺		划线工具
样冲、手锤		用于在工件划线点上打出样冲眼
直径40 mm圆形工件		用于练习划线

任务实施

1. 平面划线

（1）用直尺量取圆形工件直径，如图在圆形工件边缘四个点为圆心，划规张开大小为圆形工件的半径尺寸20 mm，四条圆弧 *abcd* 在工件端面中心交汇成一个"井"字形，工件圆心在"井"字形的中心位置。

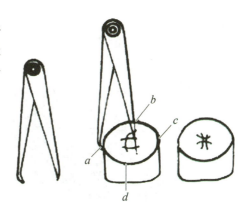

（2）在"井"字形的中心位置冲样冲孔，以冲出的样冲孔为圆心，用划规尖沿工件的边缘检查冲孔点是否在圆形工件中心，如有差异，则按照纠正样冲眼的方法进行纠正。

（3）以样冲点为圆心，用划规量取15 mm半径划圆。

（4）经过圆心用划针沿着钢皮尺在圆形工件上划出两条垂直线。

（5）用样冲在一条中心线与圆的两个交点处，冲出样冲点。用划规分别以两个样冲点为圆心，以15 mm为半径画圆弧与圆相交。

（6）用样冲在圆弧与圆交点处冲出样冲点。用划针分别通过两个样冲点划直线，依次用直线连接各个样冲点，划出正六边形。

 注意事项

◇ 工件夹持或支承要稳妥，以防滑倒或移动，在一次支承中应将要划出的平行线全部划全，以免再次支承补划，造成误差；
◇ 正确使用划线工具，划出的线条要准确、清晰；
◇ 划线完成后，要反复核对尺寸，才能进行机械加工；
◇ 划线平板不准碰撞和用锤敲击，以免使其精度降低，长期不用时，应涂油防锈。

拓展学习

看一看

打样冲方法

打样冲眼时，应将样冲斜着放上去，冲尖对准线，手要放稳，然后将样冲扶直用锤子锤击。如果手放得不稳，样冲就不稳，扶直时冲尖会滑动，就打不准。打样冲一般用0.25 kg或半磅的锤子。圆心处样冲眼在圆划好后最好再打大些，以便将来钻孔时便于对准钻头。如一开始就把圆心处的样冲眼打得很大，划圆时圆规中心定不稳，划出的圆不理想。

如图1-11(a)所示，样冲眼打歪了，可先将样冲斜放着向正确的位置的方向轻轻敲打。如图1-11(b)所示，当样冲眼的位置正好达到已对准划好的线之后，把样冲竖直了再打一下，样冲眼就正了。

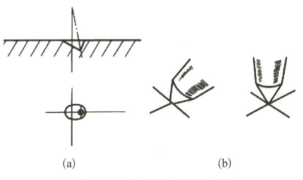

▲图1-11 样冲眼打歪纠正方法

试一试

平面划线

本任务主要学习划线的方法，练习划针、划规的使用。通过本项目的学习和训练，能够完

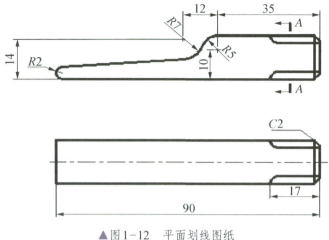

▲图1-12 平面划线图纸

成如图1-12所示零件的划线操作。

1. 工艺步骤

（1）按图纸计算出的坐标值；

（2）在钢料上划出零件加工轮廓线。

2. 操作要求

（1）图形正确；

（2）线条清晰，无重线。

任务2　锯 削 操 作

任务描述

汽车维修工一般用手锯来锯较小的材料或工件。比如在维修现场，锯割锈死或变形的螺栓、开槽、修整零件等。因此，熟练使用手锯是汽车维修工需要掌握的基本功之一。

有一辆科鲁兹轿车在进行维修，需要几只M10×55 mm的螺栓，但是我们只找到M10×60 mm的螺栓。由于客户有急事，维修时不可能外出采购，锉削太慢，我们怎么才能以最快的速度得到我们想要的螺栓？通过对锯削技能的学习，我们就能解决这些问题。

任务准备

一、知识准备

1. 锯弓

锯弓：用于安装和张紧锯条，可分为以下两种。

（1）固定式：只能安装一种长度规格的锯条，在手柄的一端有一个装锯条的固定夹头，在前端有一个装锯条的活动夹头，如图1-13所示。

▲图1-13 固定式锯弓　　　　　▲图1-14 可调式锯弓

(2) 可调式：可装长度不同规格的锯条。与固定式弓锯相反，装锯条的固定夹头在前端，活动夹头靠近捏手的一端。固定夹头和活动夹头上均有一销，锯条就挂在两销上。这两个夹头上均有方榫，分别套在弓架前端和后端的方孔导管内。旋紧靠近捏手的翼形螺母就可把锯条拉紧。需要在其他方向装锯条时，只需将固定夹头和活动夹头拆出，转动方榫再装入即可，如图1-14所示。

2. 锯条

锯条：起锯削作用，常用的材料是碳素工具钢，它的有关参数如下：

(1) 长度：指两安装孔的中心距。有150 mm、200 mm、300 mm（最常用）、400 mm等。

(2) 锯齿的粗细：以锯条25 mm长度内的齿数来表示，如表1-1所示。

表1-1 锯条齿数

锯齿粗细	齿　数	应　用
粗	14～18	锯切铜、铝等软材料
中	19～23	锯切普通钢、铸铁等中硬材料
细	24～32	锯切硬钢板及薄壁工件

① 锯齿的粗细也可按齿距t的大小来划分：粗齿的齿距$t=1.6$ mm，中齿的齿距$t=1.2$ mm，细齿的齿距$t=0.8$ mm。

(3) 锯条选择：根据工件材料的硬度和厚度选用不同粗细的锯条。锯软材料或厚件时，容屑空间要大，应选用粗齿锯条；锯硬材料和薄件时，同时切削的齿数要多，而切削量少且均匀，为尽可能减少崩齿和钝化，应选用中齿甚至细齿的锯条，如图1-15所示。

▲图1-15 锯条

二、器材准备

名称	图	用途	名称	图	用途
可调式锯弓		用于安装和张紧锯条	台虎钳		用于紧固夹紧工件
锯条		用于锯削	工件		用于锯削练习

任务实施

1. 锯料操作

1）安装锯条

使用锯弓第一件事就是安装锯条，安装锯条时，先将锯条的两个孔套进固定柱上，再旋紧调节旋钮。锯条安装时锯齿向前，才能保障正常锯削。

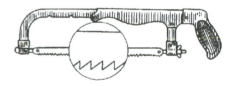

注意事项

◇ 要求松紧适当，太松太紧锯条易断；
◇ 锯条无扭曲，确保锯缝直立。

2）装夹工件

将工件夹在虎口钳上，伸出长度要短（20 mm左右）。如果太长，工件容易颤。工件要夹牢，但不能夹坏工件，尤其是已加工表面，如需要还要增加辅助垫件。

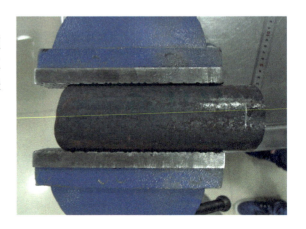

3）站立姿势

左脚与台虎钳中心线的夹角为30°，右脚与台虎钳中心线夹角为75°，身体向前倾斜10°左右。锯割时站立左脚向前半步，右脚稍微朝后，自然站立，重心偏于右脚，右脚要站稳伸直，左脚膝盖关节应稍微自然弯曲。

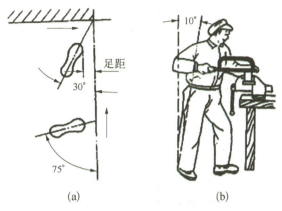

(a)　　　　　　　　(b)

4）握拿锯弓

握锯要自然舒展，右手握柄，左手扶弓，运动时右手施力，左手压力不要太大，主要是协助右手扶正锯弓，身体稍微前倾，回程时手稍向上抬，在工件上方滑过。

5）起锯下料

从工件远离自己的一端起锯。（其优点是能清晰地看见锯削线，防止锯齿卡在棱边而崩缺。）沿着钢棒量取15 mm长度，用划针划线，起锯时用左手大拇指对锯条进行卡位，起锯角约为15°。

开始起锯时压力要小，往复行程要短，锯条要与工件表面垂直。当锯到槽深2～3 mm时，放开靠锯条的手，将锯弓改至正常锯削方向。在推锯时，身体略向前倾，自然地压向锯弓，当推进大半行程时，身随手推锯弓准备回程。回程时，左手把锯弓略微抬起一些，让锯条在工件上轻轻滑过，将身体回到初始位置。

锯割圆钢时，为了得到整齐的锯缝，应从起锯开始以一个方向锯以此结束。快锯断时，用力应轻，以免碰伤手臂或砸着脚。

（1）锯削时应用锯条全长工作，或往复长度不小于锯条长度的工作，以免锯条的中间部分迅速磨钝，应使切削工作平均分配到大部分锯齿，提高锯条的利用率。

（2）锯削速度以每分钟20～40次为宜，锯削软材料可快些、硬材料要慢一些，速度过快，锯条容易磨损，过慢则效率不高。

2. 锯削六边形

1）装夹工件

将工件夹在台虎钳上，锯断部分伸出钳口。将工件夹牢，但不能夹坏工件。沿着正六边形划线，留一定的锉削加工余量，起锯时用左手大拇指对锯条进行卡位，锯削工件的第一条边。

2）锯削第二条边

沿着第二条边，起锯时用左手大拇指对锯条进行卡位，锯子的起锯角约为15°。当锯子锯到槽深2～3 mm时，放开靠锯条的手，将锯弓改至正常锯削方向，锯断工件。

3）依次锯削其余各边

沿着正六边形的划线，依次锯削各条边。

4）依次锉削修整各条边

沿着锯削好的正六边形，依次锉削修整各条边，并用120°的角度样板测量。

注意事项

◇ 安全操作，锯条不得装反，工件夹持要正确；
◇ 站立姿势要正确，起锯角不得过大或过小，两手压力要适当；
◇ 锯削时不能左右摆动，速度不能过快，以免锯条折断伤人，身体摆动幅度不易过大；
◇ 锯割将完成时，用力不可太大，并需用左手扶住被锯下的部分，以免该部分落下时砸脚。

拓展学习

各类零件锯割实例

1. 棒料锯削

锯割圆棒时，为了得到整齐的锯缝，应从起锯开始以一个方向锯至结束，如图1-16所示。如果对断面要求不高，可逐渐变更起锯方向，以减少抗力，便于切入。

2. 管件锯削

锯削圆管时，一般把圆管水平地夹持在虎钳内，对于薄管或精加工过的管子，应夹在木垫之间，如图1-17所示。锯削管子时不宜从一个方向锯到底，应该锯到管子内壁时停止，然后把管子向推锯方向旋转一定角度，在原有的锯缝中锯下去，这样不断转锯，到锯断为止。

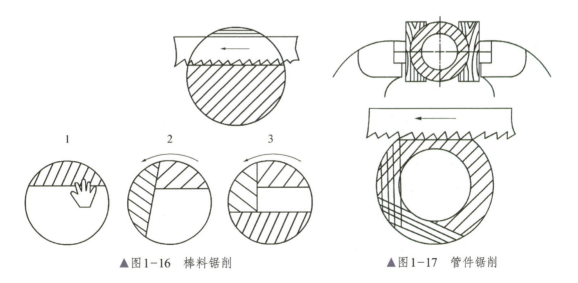

▲图1-16 棒料锯削　　　　　　▲图1-17 管件锯削

3. 薄板锯削

如图1-18所示，锯割薄板时，为了防止工件产生振动和变形，可用木块夹住薄板两侧进行锯割。

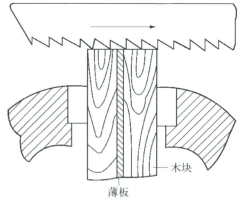

▲图1-18 板件锯削

4. 深缝锯削

如图1-19所示,当锯缝的深度大于锯弓的有效高度时,可以采用锯条转位夹持的方法进行深缝的锯削,常用的有90°和180°转位安装锯条的方法。

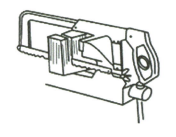 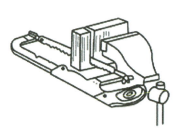 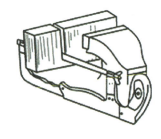

▲图1-19 管件锯削

5. 锯削速度

锯削钢料时应加机油润滑,铸铁中因有石墨起润滑作用可免用润滑剂,锯削速度如表1-2所示。

表1-2 锯削速度表

材 料 种 类	往复次数/每分钟
铜、铝等软材料	80~90
抗拉强度60 MPa以下材料	60
工具钢及薄壁工件	40
壁厚中等管材和型钢	50
薄壁管材	40
塑料、合成纤维、合成橡胶等	40
抗拉强度超过60 MPa材料	20

> 试一试

工件锯削

本任务主要学习锯削的方法,练习锯子的使用。通过本项目的学习和训练,能够完成如图1-20所示零件的锯削加工。

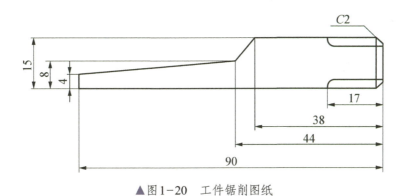

▲图1-20 工件锯削图纸

1. 工艺步骤

(1) 划加工轮廓线

(2) 锯斜面

2. 操作要求

(1) 去毛刺

(2) 锯斜面留 0.5 mm 余量锉削

练习与检测

1. 判断题

(1) 锯条的粗细决定容屑的长短。　　　　　　　　　　　　　　　　(　　)
(2) 锯割时产生废品的原因可能是锯缝歪斜过多。　　　　　　　　　(　　)
(3) 锯条粗细应根据工件材料性质及锯削面宽窄来选择。　　　　　　(　　)
(4) 锯条有了锯路,使工件上锯缝宽度大于锯条背部厚度。　　　　　(　　)
(5) 锯齿有粗细之分或齿距大小之分,齿距是相邻齿尖的距离。　　　(　　)
(6) 按复杂程度不同,划线作业可分为两种,即平面划线和立体划线。(　　)
(7) 立体划线较为复杂,需要找出复杂工件中各自的基准。　　　　　(　　)
(8) 为了划线方便,划线时选取的基准可以不同于设计基准。　　　　(　　)

2. 单选题

(1) 一般来说锯软的材料和切面较大的工件用(　　)锯条。
　　A. 粗齿　　　　　　B. 细齿　　　　　　C. 斜齿　　　　　　D. 中齿
(2) 安装锯条时锯齿应(　　),安装后锯条不应过紧或过松。
　　A. 朝后　　　　　　B. 朝前　　　　　　C. 朝上　　　　　　D. 朝下
(3) 造成锯割时产生废品的原因有(　　)。

① 尺寸锯得太小　　②锯割时用力不均匀　　③锯缝歪斜过多
④锯齿损坏　　　　⑤起锯时把工作表面锯坏

A. ①②④⑤　　　B. ①②⑤　　　C. ①③⑤　　　D. ②③④

(4) 一般来说锯硬性的材料和切面较小的工件用（　　）锯条。

A. 粗齿　　　　B. 细齿　　　　C. 斜齿　　　　D. 中齿

(5) 为了在图样上能精确地划出零件的轮廓形状,就必须懂得几何作图知识和它的连接规则,这种作图方法叫（　　）。

A. 手工绘图　　B. 几何作图　　C. 平面画图　　D. 空间画图

(6) 划线作业可分为两种,分别为（　　）。

A. 水平线、垂直线　　　　　　B. 空间划线、方位划线
C. 平面划线、立体划线　　　　D. 空间划线、平面划线

(7) 划线时,应使划线基准与（　　）一致。

A. 设计基准　　B. 安装基准　　C. 测量基准　　D. 工艺基准

(8) 下列划线基准中不正确的是（　　）。

A. 以两个互相垂直的平面为基准　　B. 以两条中心线为基准
C. 以一个平面和一条中心线为基准　　D. 以两个互相平行的平面为基准

(9) 起锯时,利用锯条前端或后端靠在一个面的棱边上起锯,距离要（　　）,压力要（　　）,这样尺寸才能准确、锯齿容易吃进。

A. 宽;大　　　B. 长;小　　　C. 短;大　　　D. 短;小

(10) 下列不属于常见划线工具的是（　　）。

A. 划针　　　　B. 游标卡尺　　C. V型铁　　　D. 高度游标尺

(11) 用划线盘进行划线时,划针应尽量处于（　　）位置。

A. 垂直　　　　B. 倾斜　　　　C. 水平　　　　D. 随意

(12) 划线时,都应从（　　）开始。

A. 中心线　　　B. 基准面　　　C. 设计基准　　D. 划线基准

3. 思考题

什么叫锯条的锯路? 简述它的作用。

模块二 锉削操作

学习目标

- 了解常用锉刀的类型、用途;
- 能正确选择锉刀;
- 能正确使用锉刀进行工件锉削;
- 能按图纸要求使用直尺或角尺检测工件锉削部位的形位误差。

学习导入

锉削是用锉刀对工件表面进行切削加工使其达到所要求的尺寸、形状、位置和表面粗糙度的一种加工方法。用锉刀对工件表面进行切削,使它达到零件图所要求的形状、尺寸和表面粗糙度,这种加工方法称为锉削。锉削可以加工工件表面、内孔、沟槽及各种复杂的外表面。锉削的最高精度可达IT7～IT8,表面粗糙度可达 Ra 1.6～0.8 μm。可用于成形样板,模具型腔以及部件,机器装配时的工件修整,是钳工主要操作方法之一,锉削操作如图1-21所示。

▲图1-21 锉削操作

任务 锉削操作

任务描述

在汽车维修过程中,个别零件的不均匀磨损和变形需要锉削修整。锉削是手工操作,是考核汽车维修钳工实际操作技能的主要方法之一。

任务准备

一、知识准备

1. 锉刀

1）锉刀构造

锉刀一般采用碳素工具钢T12、T13制成，并经热处理淬硬至62 HRC～67 HRC。锉刀由锉刀面、锉刀边、锉刀舌、锉刀尾、木柄等部分组成，如图1-22所示。锉刀的大小以锉刀面的工作长度来表示。锉刀的锉齿是在剁锉机上剁出来的。锉刀齿纹有单纹和双纹两种，双纹是交叉排列的锉纹，形成切削齿和空屑槽，便于断屑和排屑。单纹锉一般用于锉削铝薄软材料。

锉刀的工作部分分为刀面、刀边。刀边指锉刀的两个侧面，有的没有锉齿，有的其中一个边有锉齿。没有锉齿的边称为光边，它可使锉削内直角的一边时不会碰伤相邻的面。

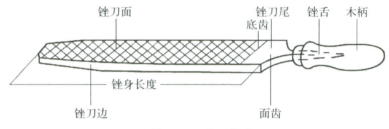

▲图1-22 锉刀构造

2）锉刀种类规格

（1）钳工锉。按其截面形状可分为平锉、圆锉、半圆锉、方锉和三角锉五种，如图1-23所示。

- ◆ 平锉：适用于锉削平面、外曲面。
- ◆ 半圆锉：适用于锉削内曲面，大圆孔及与圆弧相接平面。

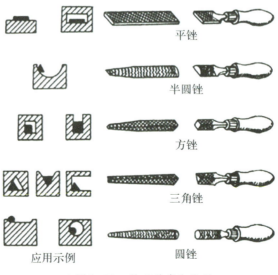

▲图1-23 锉刀种类和应用

◆ 方锉：适用于锉削凹槽、方孔。

◆ 三角锉：适用于锉削三角槽和大于60°的角面。

◆ 圆锉：适用于锉削圆孔，小半径内曲面。

（2）整形锉。又称什锦锉，主要用于精细加工及修整工件上难以机加工的细小部位，由若干把各种截面形状的锉刀组成一套，如图1-24所示。

（3）特种锉。可用于加工零件上的特殊表面，它有直的、弯曲的两种，其截面形状很多。

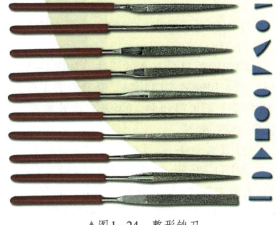

▲图1-24 整形锉刀

（4）锉刀规格。

◆ 按其长度可分为：100、200、250、300、350和400 mm等七种；

◆ 按其齿纹可分为：单齿纹、双齿纹（大多用双齿纹），单纹锉的刀齿对轴线倾斜成一个角度，适于加工软质的有色金属；双纹锉刀的主、副锉纹交叉排列，用于加工钢铁和有色金属。它能把宽的锉屑分成许多小段，使锉削比较轻快。

◆ 按其齿纹粗细可分为粗齿锉、中齿锉、细齿锉、粗油光锉、细油光锉五种。锉刀的粗细以每10 mm长的齿面上的锉齿数来表示，如表1-3所示。

表1-3 锉刀的规格和适用范围

类别	锉纹号	长度/mm								加工余量/mm	表面粗糙度值R_a/mm
		100	125	150	200	250	300	350	400	450		
		每10 mm长度内主要锉纹条数									
粗齿锉	Ⅰ	14	12	11	10	9	8	7	6	5.5	0.5～1.0	12.5
中齿锉	Ⅱ	20	18	16	14	12	11	10	9	8	0.2～0.5	6.6～12.5
细齿锉	Ⅲ	28	25	22	20	18	16	14	14	/	0.1～1.2	3.2～6.3
粗油光锉	Ⅳ	40	36	32	28	25	22	20	/	/	0.05～0.1	6.3～3.2
细油光锉	Ⅴ	56	50	45	40	36	32	/	/	/	0.02～0.05	0.8～1.6

2. 锉刀选用

合理选用锉刀，对保证加工质量，提高工作效率和延长锉刀使用寿命有很大的影响。一般选择锉刀的原则是：

（1）锉刀断面形状的选择取决于加工表面的形状。

（2）锉刀齿纹号的选择取决于工件加工余量、精度等级和表面粗糙度的要求，表面要求越高，选用的齿纹越细。

（3）锉刀长度规格的选择取决于工件锉削面积的大小，加工面越大则锉刀的尺寸就越大。

3. 平面锉削方法

平面锉削是最基本的锉削,常用三种方式锉削:

1) 顺向锉法

顺向锉法是最基本的锉法。如图1-25所示,不大的平面最后锉光和锉平都用此法。锉刀沿着工件表面横向或纵向移动,锉削平面可得到平直的锉痕,比较美观。适用于工件锉光、锉平或锉顺锉纹。

2) 交叉锉法

如图1-26所示,交叉锉法使锉削的面较长,锉刀掌握得稳,去屑也较快,是以交叉的两个方向有顺序地对工件进行锉削。由于锉痕是交叉的,容易判断锉削表面的不平程度,可根据锉痕交叉情况判断锉削面高低不平的情况,因此也容易把表面锉平。交叉锉法去屑较快,适用于平面的粗锉。

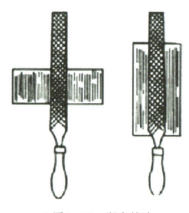

▲图1-25 顺向锉法

3) 推锉法

推锉一般用来锉削较窄的面或包砂布打光表面。如图1-27所示,两手对称地握着锉刀,用两大拇指推锉刀进行锉削。这种方式适用于较窄表面且已锉平、加工余量较小的情况,来修正和减小表面粗糙度。

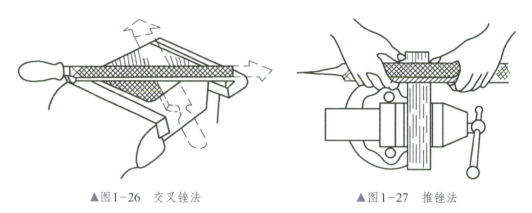

▲图1-26 交叉锉法　　　　　　▲图1-27 推锉法

4. 锉削时常见的缺陷分析

1) 工件表面夹伤或变形
(1) 虎钳未装软钳口,应在钳口与工件间垫上铜皮或铝片。
(2) 夹紧力过大。

2) 工件平面度超差(中凸、塌边或塌角)
(1) 选用锉刀不当。
(2) 锉削时双手推力及压力在运动中未能协调。
(3) 未及时检查平面度及采取措施。
(4) 工件装夹不正确。

3) 工件尺寸偏小、超差
(1) 划线不正确。
(2) 未及时测量或测量不准确。

4）工件表面粗糙度达不到要求

（1）锉刀齿纹选用不当。

（2）锉纹中间嵌有的锉屑未及时清除。

（3）粗、精锉削加工余量选用不合适。

二、器材准备

名称	图	用途	名称	图	用途
锉刀	TF-01 TF-03 TF-05 TF-08 TF-09 TF-10	用于锉削工件	角尺		检验锉削平面的质量
台虎钳		用于紧固夹紧工件	工件		练习锉削

任务实施

1. 锉削操作

1）装夹工件

将工件最好夹在台钳中间，夹持要牢靠，但不能使工件变形。工件伸出钳口不要太高，以免锉削时产生振动。表面形状不规则的工件，夹持时要加衬垫。夹持已加工表面和精密件时要衬软钳口，以免夹伤工件。

2）握锉刀

（1）大锉刀的握法：右手心抵着锉刀柄的端头，大拇指放在锉刀木柄的上面，指弯在下面，配合大拇指捏住锉刀木柄；左手则根据锉刀大小及用力的轻重，可选择多种姿势。

（2）中锉刀的握法（规格在200 mm左右）：右手握法与大锉刀握法相同，而左手则需用大拇指和食指捏住锉刀前端（如图中(a)所示）。

（3）小锉刀的握法（规格在150 mm左右）：右手食指伸直、拇指放在锉刀木柄上面，食指靠在锉刀的刀边，左手几个手指压在锉刀中部（如图中(b)所示）。

（4）整形锉的握法：右手拿着锉刀，食指压在锉面上，拇指与其余各指握住锉柄（如图中(c)所示）。

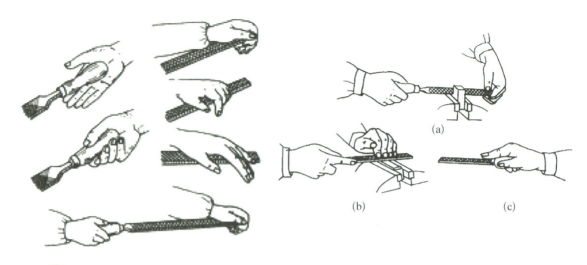

注意事项

◇ 不使用无炳锉刀以免刺伤手腕。松动的锉刀柄应装紧后再用；
◇ 锉刀不能作橇棒或敲击工件，防止锉刀折断伤人；
◇ 放置锉刀时，不要使其露出工作台面，以防锉刀跌落伤脚，也不能把锉刀与锉刀叠放或锉刀与量具叠放。

3）锉削

锉削工件时，两脚立正面对虎钳，与虎钳的距离是胳膊的上下臂垂直，端平锉刀，锉刀尖部能搭放在工件上，然后迈出左脚，右脚尖到左脚跟的距离约等于锉刀长度，左脚与虎钳中线形成约30°角，右脚与虎钳中线形成约75°角。人站立的位置如图所示，即左腿弯曲、右腿伸直，身体与台虎钳中心线的夹角为45°，重心落在左腿上。双手端平锉刀，两脚要始终站稳不动，靠左腿的屈伸作往复运动。

锉削时，右手推动锉刀，压力的大小是由两手控制的。锉削过程中，锉刀两端伸出工件的长度不断在变化，两手的压力大小也要跟着变化，使两手的压力对工件产生的力矩相等，这是保证锉刀平直运动的关键。如果锉刀运动不平直，工件中间就会凸起或产生鼓形面。

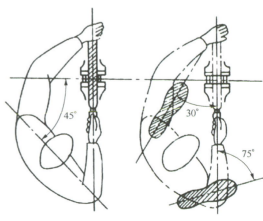

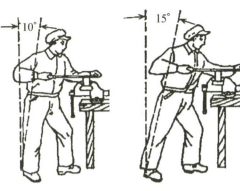

(a) 开始锉削　　(b) 锉刀推出1/3的行程　　(c) 锉刀推出2/3的行程　　(d) 锉刀行程推尽时

 注意事项

◇ 合理装夹工件，正确选用锉刀。锉削时的速度一般保持在每分钟30～60次。太快，操作者容易疲劳，且锉齿易磨钝；太慢、切削效率低；
◇ 锉削时不准用手摸锉过的表面，因手有油污、再锉时打滑，不准用嘴吹锉屑，当锉刀堵塞后，应用钢丝刷顺着锉纹方向刷去锉屑；
◇ 锉刀不可沾水、沾油，以防锈蚀和锉削时打滑。锉削时，不要用手摸工件加工面，否则锉刀易打滑。

4）锉削平面质量的检查

（1）检查平面的平面度。用钢尺或刀口形直尺以透光法来检查，要多检查几个部位并进行对角线检查（8线法）。

（2）检查垂直。用直角尺采用透光法检查，应选择基准面，然后对其他面进行检查。

（3）检查尺寸。根据尺寸精度用钢尺和游标尺在不同尺寸位置上多测量几次，或者是用外卡钳间接测量。

（4）检查表面粗糙度。一般用眼睛观察即可，也可用表面粗糙度样板进行对照检查。

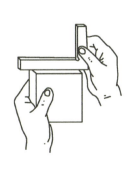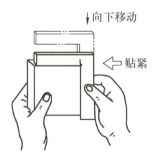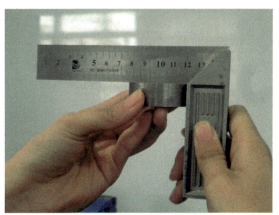

拓展学习

曲面工件的锉法

曲面锉削包括内外圆弧面锉削，内外圆锥面锉削，球面锉削，以及各种成形曲面锉削。其中内外圆弧面锉削是其他各种曲面锉削的基础。

1. 外圆弧面的锉法

常用的外圆弧面锉法有滚锉法和横锉法两种。锉刀的选用：一般选用各种平锉，也可以用半圆锉的平面部分进行锉削。锉削方法：锉刀在作前进运动同时还应环绕工件圆弧面中心摆动。

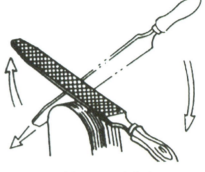

▲图1-28 滚锉法

（1）滚锉法是使锉刀顺着圆弧面锉削。如图1-28所示，锉削时锉刀向前，右手下压，左手随着上提，沿着圆弧面均匀切去一层。这种锉法使圆弧面光洁圆滑，但锉削力不大，切削效率低，适用于精锉外圆弧面。

（2）横锉法是使锉刀横着圆弧面锉削，如图1-29所示，用于粗锉外圆弧面。例如机械事故车发生曲轴因缺油而拉毛的情况时，急修时对曲轴连杆轴颈的整形；对变形的轴头的修复等。

▲图1-29 横锉法

2. 内圆弧面的锉法

锉刀的选用：锉削必须选用各种半圆锉、圆锉，并且锉刀的圆弧半径必须小于或等于加工弧的半径。锉削方法：锉削内圆弧面时，锉刀要同时完成三个运动：锉刀的前进运动、锉刀沿圆弧方向的左右移动、锉刀沿自身中心线的转动。必须使这三个运动同时作用于工件表面，才能保证锉出的内圆弧面光滑、准确，如图1-30所示。

3. 通孔的锉法

根据通孔的形状、工件材料、加工余量、加工精度和表面粗糙度等选择所需的锉刀进行通孔的锉削，如图1-31所示。

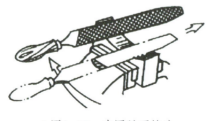

▲图1-30 内圆弧面锉法

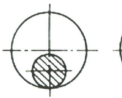

▲图1-31 通孔锉法

4. 平面与曲面的连接方法

一般情况下，应先加工平面然后再加工曲面，便于使平面和曲面产生光滑连接，具体锉削过程如图1-32所示。

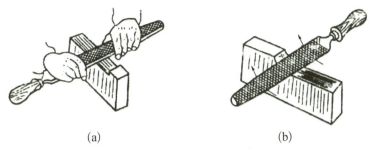

▲图1-32 平面与曲面连接锉法

试一试

平面锉削

本任务主要学习了锉刀和锉削方法的选择,练习游标卡尺、千分尺、刀口角尺、塞尺的使用。通过本项目的学习和训练,能够完成如图1-33所示零件的锉削加工。

▲图1-33 平面锉削图纸

1. 工艺步骤

(1) 锉平面基准面;
(2) 锉相邻侧面1(注意垂直度);
(3) 锉相邻侧面2(注意垂直度);
(4) 锉平行面。

2. 操作要求

(1) 按图纸加工(如图1-34所示);
(2) 尺寸精度达到0.3 mm,平面度0.2 mm。

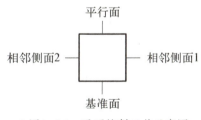

▲图1-34 平面锉削工艺示意图

圆弧锉削

1. 工艺步骤

(1) 划线根据计算出的坐标值,利用高度游标卡尺划出圆心,用划规划出圆弧;
(2) 锉内圆弧;
(3) 锉外圆弧。

2. 操作要求

按图纸加工(如图1-35所示)。

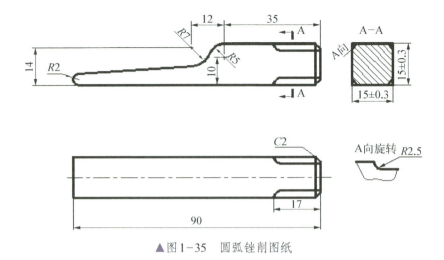

▲图1-35 圆弧锉削图纸

练习与检测

1. 判断题

（1）基本的锉削方法有顺向锉、交叉锉、推锉三种。（　）
（2）锉削过程中，两手对锉刀压力的大小应保持不变。（　）
（3）粗齿锉刀适用于锉削硬材料或狭窄平面。（　）
（4）锉刀的锉纹号的选择主要取决于工件的加工余量、加工精度和表面粗糙度。（　）
（5）普通锉刀按其断面形状的不同可分为平锉、方锉、三角锉、半圆锉、圆锉五种。（　）
（6）锉削可完成工件各种内外表面及形状较复杂的表面加工。（　）

2. 单选题

（1）选择锉刀时，要根据工件（　　）的要求，选用合适的锉刀。
　　A. 加工精度　　　　B. 表面粗糙度　　　　C. 装配精度　　　　D. 位置度
（2）锉削时要根据工件的形状、大小、（　　）等因素，选择合适的锉刀进行锉削工作。
　　A. 强度　　　　　B. 韧性　　　　　　C. 材料　　　　　D. 塑性
（3）普通锉法中，锉刀（　　）移动，每次退回锉刀时向旁边移动5～10 mm。
　　A. 单方向　　　　B. 双向　　　　　　C. 沿某一方向　　　D. 沿斜向
（4）锉削时导致工件被夹坏的原因有（　　）。
　　① 加工后的工件表面夹紧时没有加钳口保护
　　② 夹紧力太大，将材质软或薄壁件夹变形
　　③ 锉刀本身弯曲变形
　　④ 圆形工件被夹出伤痕
　　⑤ 选择锉刀纹规格不适当
　　A. ①②③⑤　　　B. ①③④　　　　　C. ②④⑤　　　　D. ①②④

3. 思考题

锉刀形状有扁的、方的、三角的、半圆的、圆的。锉刀有长有短、有大有小，种类是按什么分的？常用锉刀有哪几种？

模块三 攻丝操作

学习目标

- 了解攻丝操作步骤和方法。
- 能正确认识头攻和二攻丝锥。
- 能按图纸要求使用螺栓进行配对检测。
- 能正确使用头攻丝锥进行工件攻丝。

学习导入

我们知道气缸体、气缸盖之间连接紧固螺栓由于拆装不当或螺纹在工作中遭受损伤,会造成螺纹孔损坏,这时一般可采用镶套法修理,即将损坏的螺纹孔扩大,并按规定攻出螺纹,然后装入具有相应外螺纹的螺栓套,其内螺纹以与原螺纹孔相同的方法进行修复。又如火花塞是在正常使用和保养过程中拆装最为频繁的零件之一,在装配火花塞时如果未按规定的拧紧力矩而用力过大,将造成螺纹拉伸损伤连接滑扣而造成火花塞螺孔损伤,这时对螺纹孔的修复就可以采用镶套法修复。螺纹孔损坏的另一种修理方法就是采用台阶形螺栓。这两种修理方法均涉及钻孔、攻螺纹,套螺纹的钳工基本技能,如图1-36所示。

攻螺纹是用丝锥在孔壁上切削出内螺纹。套螺纹是用板牙在圆柱体上切削出外螺纹。在汽车维修作业中攻螺纹和套螺纹是经常发生的,很多零件或部件的连接都采用螺纹连接,当外螺纹或内螺纹损伤时(乱扣),都要采用攻螺纹或套螺纹来修复。例如:气缸体上的螺纹乱扣、滑位或螺纹折断、半轴螺栓折断等,都需要攻螺纹或套螺纹。

▲图1-36 攻丝操作

任务　攻丝操作

任务描述

有一辆科鲁兹轿车更换汽缸垫、拧紧汽缸盖螺栓时,有几只螺栓未达到标准力矩(98 N·m)时打滑。退下打滑螺栓,发现铝合金缸体螺纹被螺栓带出,有的碎了,有的整体螺纹被带出,呈弹簧状。现请你根据发动机维修资料,使用专用、通用工具对发动机气缸螺纹孔进行修复。

任务准备

一、知识准备

1. 丝锥

丝锥是专门用来加工小直径内螺纹的成形刀具,如图1-37所示,丝锥是用合金工具钢或高速钢制造并经淬火淬硬。每个丝锥都由工作部分和柄部组成,主要由切削部分、修光部分、屑槽和柄部组成,如图1-38所示。

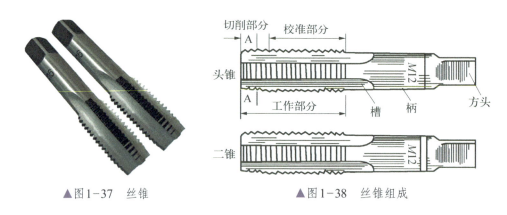

▲图1-37　丝锥　　　　　　▲图1-38　丝锥组成

工作部分是由切削部分和校准部分组成。轴向有几条(一般是3条或4条)容屑槽,相应地形成几瓣刀刃(切削刃)和前角。切削部分(即不完整的牙齿部分)是切削螺纹的重要部分,常磨成圆锥形,以便使切削负荷分配在几个刀齿上。

丝锥的切削部分常磨成圆锥形,有锋利的切削刃,用来完成切削螺纹的工作。修光部分的作用是修光螺纹和引导丝锥。丝锥上有3~4条容屑槽,用于容屑和排屑。丝锥柄部为方头,其作用是与铰杠相配合并传递扭矩。丝锥分手用丝锥和机用丝锥两种。原先用的丝锥一般是两支或三支组成一套,分头锥、二锥或三锥,它们的圆锥斜角各不相等,修光部分的外径也不相同,其所负担的切削工作量分配是,头锥为60%、二锥为30%,三锥为10%。通常M6~M24的丝锥一套为两支,称头锥、二锥;M6以下及M24以上一套有三支,即头锥、二锥和三锥。现在由于制造丝锥材料质量的提高,一般M10以下的大部分为一组一支,M10以上的为一组两支。

2. 铰杠

如图1-39所示,铰杠是用来夹持丝锥的工具,常用的有可调式铰杠,通过旋动右边手柄,即可调节方孔的大小,以便夹持不同尺寸的丝锥。铰杠长度应根据丝锥尺寸大小进行选择,以便控制攻螺纹时的旋力(扭矩),防止丝锥因施力不当而折断。

3. 螺纹底孔直径及深度的确定

(1) 丝锥主要是切削金属,但也有挤压金属的作用,在加工塑性好的材料时,挤压作用尤其显著。用丝锥加工螺纹时,螺纹底孔直径应大于螺纹小径,攻螺纹前工件的底孔直径必须大于螺纹标准中规定的螺纹小径,确定其底孔钻头直径 d_0 的方法,可采用查表法(见有关手册资料)确定,或用下列经验公式计算:

▲图1-39 铰杠

$$钢材及韧性金属:d_0 \approx d-p$$
$$铸铁及脆性金属:d_0 \approx d-(1.05 \sim 1.1)p$$

式中 d_0——底孔直径;d——螺纹公称直径;p——螺距。

钻普通螺纹底孔用钻头直径可查表选用。钻管螺纹底孔用钻头直径也可计算,但较麻烦,一般可查表选用。攻不通孔螺纹时,钻孔深度要大于螺孔的深度,一般增加 $0.7D$ 的深度(D 为螺纹大径)。

(2) 钻孔深度的确定。攻盲孔(不通孔)的螺纹时,因丝锥不能攻到底,所以孔的深度要大于螺纹的长度,盲孔的深度可按下面的公式计算:

$$孔的深度 = 要求的螺纹长度 + (螺纹外径)$$

注意事项

◇ 攻钢件上的内螺纹,要加机油润滑,可使螺纹光洁、省力和延长丝锥使用寿命;
◇ 攻铸铁上的内螺纹可不加润滑剂,或者加煤油;
◇ 攻铝及铝合金、紫铜上的内螺纹,可加乳化液。

二、器材准备

名称	图	用途	名称	图	用途
丝锥		用于内螺纹的攻丝	铰杠		用于夹持丝锥

(续表)

名称	图	用途	名称	图	用途
台虎钳		用于紧固夹紧工件	工件		练习攻螺纹

任务实施

1. 攻螺纹操作

（1）攻螺纹开始前，用铰杠夹紧丝锥。

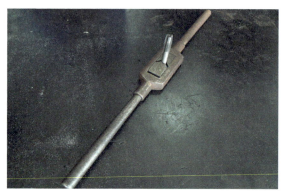

（2）将要攻螺纹的工件在钻床的台虎钳上夹紧，计算出螺纹底孔的直径 $d_0 \approx d-p$，装上钻头，加工螺纹底孔。

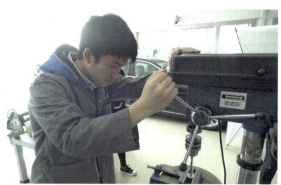

（3）攻螺纹时，先用头锥攻螺纹。首先旋入1~2圈，检查丝锥是否与孔端面垂直（可用目测或用直角尺从两个方向检查丝锥是否与孔端面垂直）。要仔细观察和校正丝锥的轴线方向，要边工作、边检查、边校准。旋入3~4圈时，当丝锥的切削部分已经切入工件后，丝锥的位置应正确无误，转动铰杠丝锥将自然攻入工件。

(4) 继续使铰杠轻压旋入，每转一圈后应倒转1/4圈，以便切屑断落。工作中，丝锥每顺时针转1/2圈至1圈时，丝锥要倒转1/4圈至1/2圈，将切屑切断并挤出，攻不通孔螺纹孔时，要及时退出丝锥排屑。

(5) 攻螺纹钢料工件过程中，可加机油润滑使螺纹光洁并延长丝锥使用寿命。对铸铁件，可加煤油润滑。在塑料上攻螺纹时，要加机油或切削液润滑。

注意事项

◇ 检查底孔的直径是否符合要求；
◇ 装夹工件，要使孔中心垂直于钳口，防止螺纹攻歪；
◇ 正确选择丝锥，先头锥后二锥，不可颠倒使用；
◇ 按边攻边退的方法，将头锥攻到需要的深度，不要用嘴直接吹切屑，以防切屑飞入眼内。

 看一看

螺纹的参数

在圆柱或圆锥母体表面上制出的螺旋线形的、具有特定截面的连续凸起部分。螺纹按其母体形状分为圆柱螺纹和圆锥螺纹；按其在母体所处位置分为外螺纹、内螺纹，按其截面形状（牙型）分为三角形螺纹、矩形螺纹、梯形螺纹、锯齿形螺纹及其他特殊形状螺纹。

1. 螺纹结构分类

螺纹按其截面形状（牙型）分为三角形螺纹、矩形螺纹、梯形螺纹和锯齿形螺纹等。其中三角形螺纹主要用于连接（见螺纹连接），矩形、梯形和锯齿形螺纹主要用于传动。螺纹分布在母体外表面的叫外螺纹，在母体内表面的叫内螺纹。在圆柱母体上形成的螺纹叫圆柱螺纹，在圆锥母体上形成的螺纹叫圆锥螺纹。螺纹按螺旋线方向分为左旋的和右旋的两种，一般用右旋螺纹。螺纹可分为单线的和多线的，连接用的多为单线；用于传动时要求进升快或效率高，采用双线或多线，但一般不超过4线。

2. 螺纹基本参数

(1) 大径(d/D)，与外螺纹牙顶或内螺纹牙底相重合的假想圆柱体直径。螺纹的公称直径即大径，如图1-40所示。

(2) 小径(d_1/D_1)，与外螺纹牙底或内螺纹牙顶相重合的假想圆柱体直径。

(3) 中径(d_2/D_2)，母线通过牙型上凸起和沟槽两者宽度相等的假想圆柱体直径。

(4) 螺距(P)，相邻牙在中径线上对应两点间的轴向距离。

(5) 导程(L)，同一螺旋线上相邻牙在中径线上对应两点间的轴向距离。

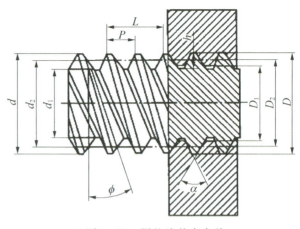

▲图1-40 螺纹的基本参数

(6) 牙型角(α)，螺纹牙型上相邻两牙侧间的夹角。

(7) 螺纹升角(ϕ)，中径圆柱上螺旋线的切线与垂直于螺纹轴线的平面之间的夹角。

(8) 工作高度(h)，两相配合螺纹牙型上相互重合部分在垂直于螺纹轴线方向上的距离相等。螺纹的公称直径除管螺纹以管子内径为公称直径外，其余都以外径为公称直径。螺纹已标准化，有米制（公制）和英制两种。国际标准采用米制，中国也采用米制。

> 试一试

工件攻丝

本任务主要学习攻丝的方法，练习铰杠、丝锥的使用。通过本项目的学习和训练，能够完成如图1-41所示零件的攻丝操作。

1. 工艺步骤

(1) 划线根据标注的尺寸，利用高度游标卡尺划出圆心。

(2) 钻底孔

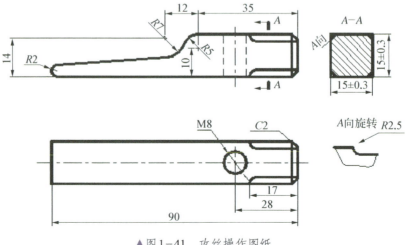

▲图1-41 攻丝操作图纸

(3) 攻 M8 内螺纹。

2. 操作要求

(1) 按图纸用高度游标卡尺划出圆心。

(2) 钻底孔。

(3) 用铰杠、丝锥攻 M8 螺纹。

练习与检测

1. 判断题

(1) 普通螺纹用于连接,梯形螺纹用于传动。（   ）

(2) 手攻螺纹时,每扳转绞杠一圈就应倒 1/2 圈,不但能断屑,且可减少切削刃因粘屑而使丝锥轧住的现象发生。（   ）

(3) 丝锥、扳手、麻花钻多用硬质合金制成。（   ）

(4) 攻丝前的底孔直径应稍大于螺纹小径。（   ）

(5) 用丝锥在工件孔中切出内螺纹的加工方法称为套螺纹。（   ）

2. 单选题

(1) 常用螺纹按（   ）可分为三角螺纹,方形螺纹,条形螺纹,半圆螺纹和锯齿螺纹等。
    A. 螺纹的用途　　　　　　　　　　B. 螺纹轴向剖面内的形状
    C. 螺纹的受力方式　　　　　　　　D. 螺纹在横向剖面内的形状

(2) 确定底孔直径的大小,要根据工件的（   ）、螺纹直径的大小来考虑。
    A. 大小　　　　B. 螺纹深度　　　　C. 重量　　　　D. 材料性质

(3) 在中碳钢上攻 M10×1.5 螺孔,其底孔直径应是（   ）。
    A. 10 mm　　　B. 9 mm　　　C. 8.5 mm　　　D. 7 mm

(4) 丝锥的构造由（   ）组成。
    A. 切削部分和柄部　　　　　　　　B. 切削部分和校准部分
    C. 工作部分和校准部　　　　　　　D. 工作部分和柄部

(5) 攻丝时,每次旋进后应反转（   ）行程,以利于排屑。
    A. 1/3　　　　B. 1/4　　　　C. 1/5　　　　D. 1/6

(6) 在钢和铸铁工件上分别加工同样直径的内螺纹,钢件底孔直径比铸铁底孔直径（   ）。
    A. 大 0.1 P　　　B. 小 0.1 P　　　C. 相等　　　D. 小 0.05 P

3. 思考题

螺纹底孔直径为什么要略大于螺纹小径?

项目二 曲柄连杆机构拆装

汽车根据用途可分为客车和货车,还有小型、中型和大型之分,但都是由发动机、底盘、电气设备和车身四大部分组成。

1. 了解汽车发动机总成

1) 发动机基本构造

发动机是汽车的动力源。发动机的动力通过传动系统传递给车轮,驱动汽车行驶。

汽油发动机由两大机构和五大系统组成:曲柄连杆机构、配气机构、冷却系统、润滑系统、燃油供给系统、点火系统、起动系统,如图2-1所示。

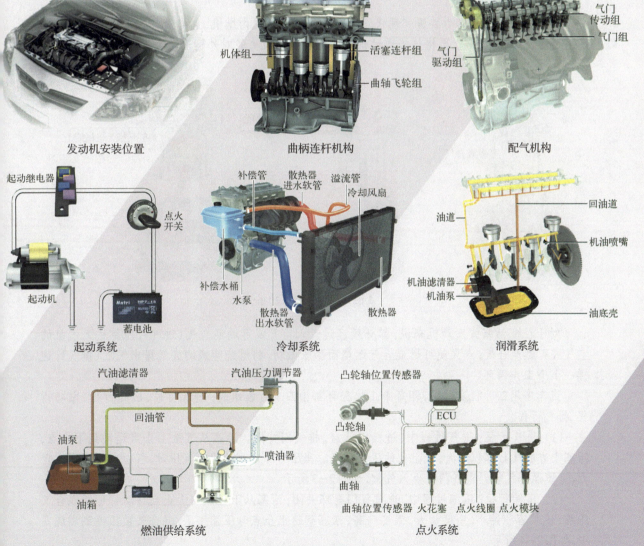

▲图2-1 发动机安装位置及组成

曲柄连杆机构是将燃料燃烧所产生的热能膨胀做功,经机构将活塞的直线往复运动转换为曲轴旋转运动并对外输出动力。

配气机构是按照发动机各缸工作顺序和工作循环的要求,定时地将各缸进排气门打开或关闭,以便发动机进行换气。

冷却系统是利用冷却水冷却高温零件,并通过散热器将热量散发到大气中去,从而保证发动机在正常温度状态工作。

润滑系统是将润滑油分送至各个摩擦零件的摩擦面,以减小摩擦力,减缓机件磨损,并清洗、冷却摩擦表面,从而延长发动机使用寿命。

燃油供给系统是根据发动机不同工况的要求,配制一定数量和浓度的可燃混合气,供入气缸,并在燃烧做功后将燃烧生成的废气排出。

点火系统是按一定时刻向气缸内提供电火花以点燃缸内可燃混合气。

起动系统是带动飞轮旋转以获得必要的动能和起动转速,使静止的发动机起动并转入自行运转状态。

2) 发动机工作原理

发动机是汽车的动力装置。现代汽车多为往复活塞式内燃机,它将液体或气体燃料的化学能通过燃烧转化为热能,再将热能通过机械系统转换为机械能对外输出动力,如图2-2所示。

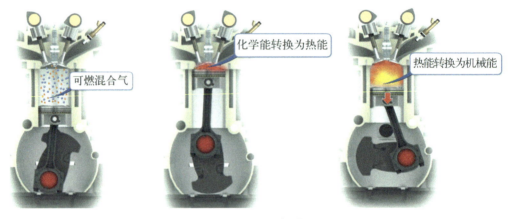

▲图2-2 发动机功用

对于往复活塞式发动机来说,都必须经过吸入空气或可燃混合气(进气),压缩进入气缸的空气或可燃混合气,点火使可燃混合气燃烧而膨胀做功,将燃烧生成的废气排出气缸(排气),这样一个个工作循环。

汽车多用四冲程发动机,即每个工作循环都由四个行程组成:进气行程、压缩行程、做功行程、排气行程。

(1) 进气行程:进气过程中,进气门开启,排气门关闭。活塞从气缸上止点运动到下止点,活塞上方的气缸容积增大,气缸内的压力下降。当压力降低到低于大气压时,气缸内形成真空吸力,可燃混合气便经进气门被吸入气缸,如图2-3所示。

(2) 压缩行程:压缩过程中,进排气门全部关闭,活塞从下止点向上止点移动将可燃混合气压缩,使其容积缩小,密度加大,温度升高,活塞到达上止点时压缩终了,混合气被压缩到燃烧室中,如图2-4所示。

项目二 曲柄连杆机构拆装

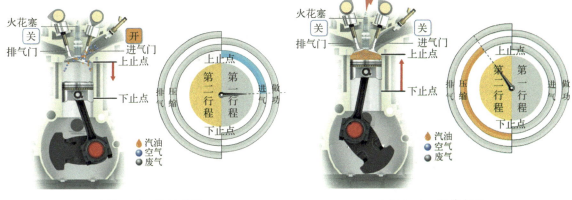

▲图2-3 进气行程　　　　　　　　　　▲图2-4 压缩行程

（3）做功行程：做功过程中，进排气门仍旧关闭，当活塞接近压缩上止点时，装在气缸体上的火花塞发出电火花，点燃被压缩的可燃混合气。可燃混合气燃烧后，高温、高压燃气推动活塞从上止点迅速向下止点运动，通过连杆使曲轴旋转并输出机械能，如图2-5所示。

（4）排气行程：排气过程中，排气门开启，进气门关闭。活塞由下止点向上止点运动，将废气强制排出气缸，以便进行下一工作循环，如图2-6所示。

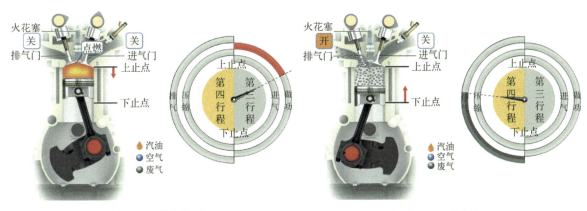

▲图2-5 排气行程　　　　　　　　　　▲图2-6 排气行程

2. 汽车发动机分类

1) 按着火方式分类

现代汽车发动机根据所用燃料的不同可分为两类：一类是点燃式，汽油发动机采用的是这种形式；一类是压燃式，如图2-7所示。柴油发动机采用的是压燃式。

2) 按冲程数分类

发动机的工作循环按冲程数分类，可分为两种类型，一种是四冲程发动机，另一种是二冲程发动机，如图2-8所示。

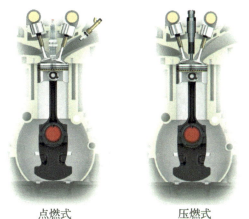

点燃式　　　　压燃式
▲图2-7 发动机按着火方式分类

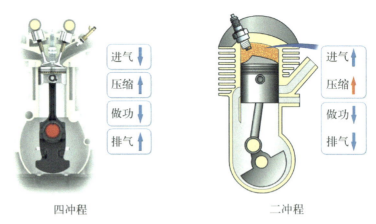

▲图2-8 发动机按冲程数分类

3）按凸轮轴安装位置分类

发动机按凸轮轴的安装位置不同来分类时，有凸轮轴上置、中置、下置三种类型，如图2-9所示。现代高速发动机常采用的是凸轮轴上置型。

▲图2-9 发动机按凸轮轴安装位置分类

4）按气缸排列方式分类

发动机按气缸排列方式来分类，可分为直列式、V型、水平对置型、W型、星形，如图2-10所示。常见的是直列式与V型。

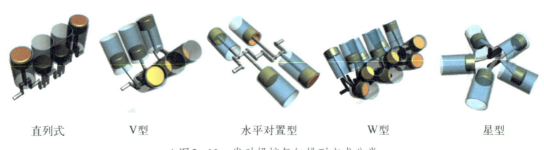

▲图2-10 发动机按气缸排列方式分类

5)按冷却方式分类

发动机按冷却方式分类,可分为水冷与风冷,如图2-11所示。现代汽车多采用水冷式发动机。

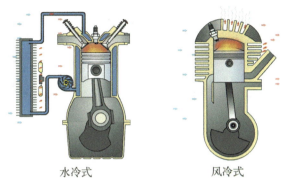

▲图2-11 发动机按冷却方式分类

3. 发动机常用术语

(1) 上止点(TDC):活塞最高位置,即活塞在气缸中向上运动所能到达最高点。
(2) 下止点(BDC):活塞最低位置,即活塞在气缸中向下运动所能到达最低点。
(3) 活塞行程(S):活塞往复直线运动时的路径,即上、下止点之间的距离。
(4) 曲柄半径(R):曲轴与连杆大端相连接的曲柄销中心线到曲轴回转中心线之间的距离。
(5) 气缸工作容积(V_h):也被称为气缸排量,是指一个气缸中活塞从上止点到下止点所扫过的容积。
(6) 发动机排量(V_L):发动机所有气缸工作容积的总和。

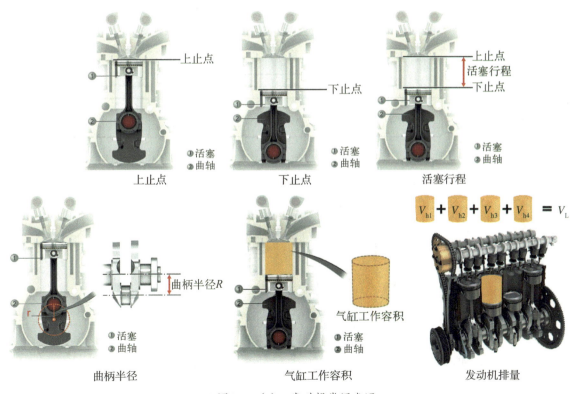

▲图2-12(a) 发动机常用术语

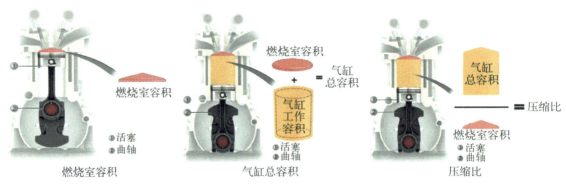

▲图2-12（b） 发动机常用术语

（7）燃烧室容积（V_c）：活塞在上止点时，活塞顶上部空间的容积。
（8）气缸总容积（V_a）：活塞在下止点时，活塞顶上部空间的容积。
（9）压缩比（ε）：气缸总容积与燃烧室容积的比值。

项目导学

任何一辆汽车发动机运转一段时间后都会发生机件磨损或损伤，发动机会出现油耗增加或排气异常现象。要使发动机能恢复良好性能，需要对发动机机件进行分解、检查、更换、组装等修复过程。

曲柄连杆机构是发动机主要基础件和运动件，也是发动机中易发生磨损和损伤的机件。本项目学习要求是能够对曲柄连杆机构主要机件进行拆装，并通过拆装过程掌握其结构和原理。

本项目的主要任务如图2-13所示。

▲图2-13 曲柄连杆机构拆装任务示意图

曲柄连杆机构是发动机各个机构、各个系统和一些其他零部件的安装基础，有些还是其他机构和系统的组成部分。由机体组件、活塞连杆组件和曲轴飞轮组件三部分组成，如图2-13所示。

- 机体组件是固定机件，由气缸盖、气缸垫、气缸体及油底壳等组成；
- 活塞连杆组件是往复运动机件，由活塞、活塞环、活塞销、连杆等部件组成；
- 曲轴飞轮组件是旋转运动机件，由曲轴、飞轮以及安装在曲轴上的零部件组成。

模块一　气缸盖和油底壳拆装

学习目标

- 掌握气缸盖和油底壳的结构和原理。
- 能识别气缸盖和油底壳各零部件的结构。
- 能按工艺规程对气缸盖和油底壳进行拆装。
- 具有严谨的气缸盖和油底壳拆装质量意识和安全意识。
- 具有良好的技术交流、团队合作和环境保护意识。

学习导入

当发动机某一气缸由于压缩压力低而不能点火燃烧时,那就要拆解气缸盖和气缸衬垫进行检修;当发动机下部出现异响或机件无法得到良好的润滑时,那就要拆解油底壳(亦称下曲轴箱)进行检修。

气缸盖和油底壳分别安装在曲柄连杆机构中核心基础件气缸体的上部和下部,用于封闭气缸体上部和下部,是发动机实现正常运转的重要机件,如图2-14所示。

气缸盖和油底壳的拆装作业是对气缸体、活塞连杆组件以及曲轴飞轮组件等发动机内部机件进行检修的前期作业;同时也能清晰地认识以及理解气缸盖和油底壳的结构和原理。

▲图2-14　气缸盖和油底壳的安装位置

任务1　气缸盖拆装

任务描述

有一辆雪佛兰科鲁兹汽车的用户反映,其1.6 L LDE发动机出现加速性能下降的现象。经维修人员检查后初步判断,该发动机气缸密封性下降,需要拆检气缸盖和气缸衬垫进一步检测。现请你根据发动机维修资料，使用专用、通用工具对发动机气缸盖进行拆装；并在气缸盖拆装作业过程中，认识气缸盖基本结构以及与相连机件的相互之间关系，掌握其功用和原理。

任务准备

一、知识准备

1. 机体组

机体组是发动机的支架，是曲柄连杆机构、配气机构和发动机各系统主要零件的装配基体。它主要由气缸盖、气缸衬垫、气缸体和油底壳等组成，如图2-14、图2-15所示。

气缸体上半部有一个或若干个为活塞在其中运动导向的圆柱形空腔，称为气缸。气缸体内还加工有引导润滑油的油道及让冷却液流通的冷却水套，如图2-16所示。

▲图2-15　气缸体

▲图2-16　气缸体结构

2. 气缸盖

气缸盖安装着凸轮轴、液压挺柱、进排气门、火花塞以及进排气歧管。气缸盖内有与气缸体相通的冷却水套、润滑油道以及燃烧室、进排气道等，如图2-17、图2-18所示。

气缸盖是用来封闭气缸的上部，并与活塞顶、气缸壁共同构成一个密闭的可变空间（燃烧室），如图2-19所示。

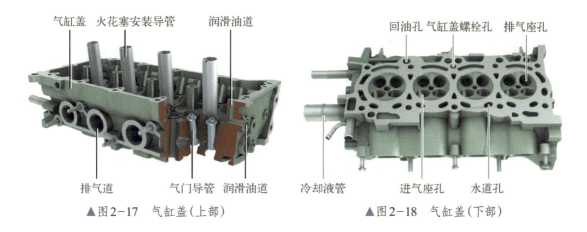

▲图2-17　气缸盖（上部）　　　　▲图2-18　气缸盖（下部）

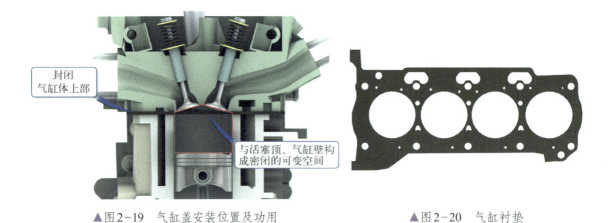

▲图2-19 气缸盖安装位置及功用　　　　▲图2-20 气缸衬垫

3. 气缸衬垫

气缸衬垫用来保证气缸体与气缸盖结合面间的密封。气缸衬垫安装在气缸盖和气缸体中间,安装时定向安装。气缸衬垫通常为一次性使用件,如图2-20所示。

二、器材准备

名　　称	图	用　　途
科鲁兹1.6 L LDE 发动机总成和拆装台架		用于发动机机械系统拆装
常用工具(一套)		用于拆装一般连接螺栓
指针式扭力扳手 定扭矩扳手		用于拆装螺栓、紧固螺栓扭矩
磁棒、铲刀等		用于拆卸零部件和清洁表面

（续表）

名　　称	图	用　　途
EN-45059 角度测量仪	EN-45059 J-45059 角度测量仪	用于塑性紧固螺栓定角度拧动
雪佛兰科鲁兹 1.6 L LDE 发动机 维修手册	2015款雪佛兰科鲁兹维修手册	用于查阅发动机拆装工艺和数据

任务实施

1. 拆卸气缸盖和气缸衬垫

1) 拆卸气缸盖

（1）从气缸盖两边到中间，按图示顺序，用E12套筒、接杆、指针式扭力扳手，先将10个气缸盖紧固螺栓松开90°，再将这10个螺栓松开180°，然后用棘轮扳手拆下螺栓，最后用磁棒取出10个平垫圈。

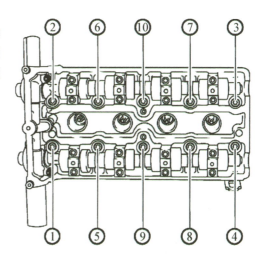

 注意事项

◇ 螺栓拆卸顺序不正确会导致气缸盖翘曲或开裂；气缸盖螺栓采用塑性螺栓，拆下应报废，不能重复使用。

（2）使用头部缠有胶带的螺丝刀，在气缸盖和气缸体的指定部位，撬动并平稳拆下气缸盖，放置在适当的基座上。

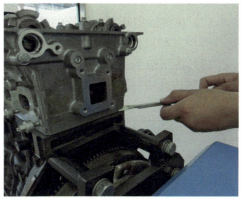

 注意事项

◇ 按照维修手册规定位置进行撬动。

2)取下气缸衬垫。

2. 安装气缸衬垫和气缸盖

1)清洁

清洁气缸盖螺栓,气缸盖,螺纹孔,气缸衬垫以及气缸体上平面。

2)安装气缸衬垫

将气缸衬垫放在气缸体上密封面,并确保正确的安装方向。(带字样的一面朝上放置)。

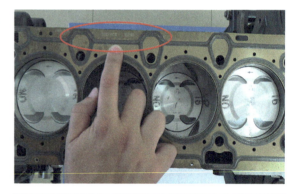

3)安装气缸盖

(1)对准定位销,将气缸盖平稳地放到气缸体上。

(2)在气缸盖新紧固螺栓的螺纹底位,涂抹一薄层发动机机油。

(3)将气缸盖新紧固螺栓和垫圈安装至气缸盖螺栓孔中,并用手带入。

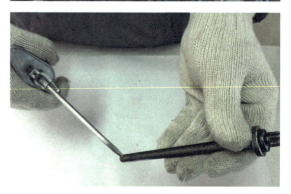

(4) 从气缸盖中间到两边,按图示顺序,用 E12 套筒、接杆、棘轮扳手,均匀地对 10 个气缸盖紧固螺栓进行预紧,再选用定扭矩扳手进行紧固,将螺栓拧紧至 25 N·m。

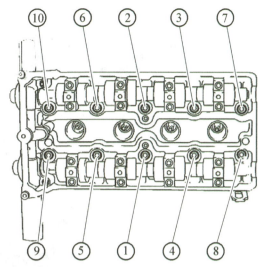

(5) 安装 EN-45059 角度测量仪专用工具(或在气缸盖螺栓前端作标记),用指针式扭力扳手将气缸盖紧固螺栓旋紧 90° 后,再旋转 90°+90°,最后再旋紧 45°。

拓展学习

看一看

大众汽车 EA888 系列发动机气缸盖结构特点

大众汽车 EA888 系列发动机气缸盖采用铝合金浇铸而成。EA888 发动机的配气机构采用顶置凸轮轴,直列双排四气门式;装有进排气凸轮轴,且凸轮轴的上下轴承是在气缸盖罩下平面和气缸盖上平面直接加工而成的;还装有气门摇臂等气门传动组件。凸轮轴由曲轴通过齿形链传动,通过气门摇臂直接驱动进、排气门,如图 2-21 所示。

试一试

大众汽车 EA888 系列发动机气缸盖拆装

运用已学习的知识和操作技能,尝试在参阅大众汽车维修手册之后,对大众汽车 EA888 发动机进行气缸盖拆装;在作业过程中认识气缸盖结构以及与相关零部件的连接关系。

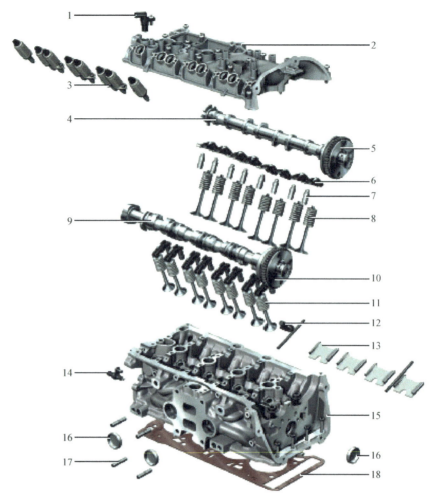

1	霍尔传感器	7	支承元件	13	风道隔板
2	气缸盖罩	8	进气门	14	冷却液温度传感器 G62
3	凸轮调节装置执行元件	9	排气凸轮轴	15	气缸盖
4	进气凸轮轴	10	排气凸轮轴调节器	16	防冻塞
5	进气凸轮轴调节器	11	排气门	17	集成排气歧管的支撑螺栓
6	气门摇臂	12	霍尔传感器 G40	18	气缸盖密封件

▲图 2-21 大众 EA888 系列发动机气缸盖

练习与检测

1. 判断题

（1）安装气缸垫时，印有 TOP 字样的一面应朝下放置。　　　　　　　　　　　（　）
（2）气缸盖是用来封闭气缸的上部，并与活塞顶、气缸壁共同构成燃烧室。　　（　）
（3）安装气缸盖紧固螺栓时，可以随意顺序进行安装固定。　　　　　　　　　（　）
（4）安装气缸盖紧固螺栓时，需要用定扭矩扳手旋转 90° 加以紧固。　　　　　（　）
（5）拆卸气缸盖前，需要用头部缠有胶带的螺丝刀进行撬动。　　　　　　　　（　）

2. 单选题

(1) 在拆卸气缸盖时,应采取的方式是:(   )
    A. 圆圈式顺序拆卸   B. 由外到内对角线拆卸
    C. 由内到外对角线拆卸   D. 任意拆卸

(2) 科鲁兹1.6 L LDE发动机用定扭矩扳手紧固气缸盖螺栓后,需要再用指针式扭力扳手按(   )的顺序操作。
    A. 先45°再45°紧固
    B. 先90°后,再紧固90°,再紧固90°,最后再紧固45°
    C. 先45°再90°紧固
    D. 先45°后,再紧固90°,再紧固90°,最后再紧固90°

(3) 科鲁兹1.6 L LDE发动机,气缸盖紧固螺栓的拧紧力矩为:(   )
    A. 25 N·m   B. 40 N·m   C. 49 N·m   D. 59 N·m

(4) 气缸盖是用来封闭气缸的上部,并与(   ),气缸壁共同构成燃烧室。
    A. 活塞头部   B. 活塞顶部   C. 活塞裙部   C. 活塞底部

3. 思考题

尝试编制大众汽车EA888发动机气缸盖拆装工艺步骤和要点。

任务2　油底壳拆装

任务描述

有一辆雪佛兰科鲁兹汽车的用户反映,其1.6 L LDE发动机出现机油警告灯常亮的现象。经维修人员检查后初步判断,该发动机机油压力下降,需要拆检油底壳进行进一步检测。现请你根据发动机维修资料,使用专用、通用工具对发动机油底壳进行拆装;并在油底壳拆装作业过程中,认识油底壳基本结构以及与相连机件的相互之间关系,掌握其功用和原理。

任务准备

一、知识准备

1. 油底壳

1. 油底壳结构

油底壳一般为薄钢板冲压而成,有的发动机为了加强散热效果采用铝合金铸造。它的形状取决于发动机的总体布置和所需机油的容量。

油底壳中后部一般做得较深,以便发动机纵向倾斜时机油泵仍能吸到机油。底部装有磁性的放油螺塞。放油螺塞的密封垫为一次性使用,拆过后即要予以更换,如图2-22所示。

2. 油底壳功用

油底壳主要用来储存机油(润滑油)并封闭曲轴箱。同时,底部的磁性放油螺塞能吸附机油中的金属屑,以减少发动机中运动零件的磨损,如图2-23所示。

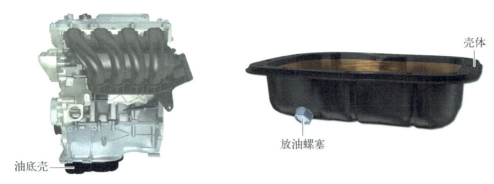

▲图2-22　油底壳安装位置及结构

▲图2-23　油底壳功用

二、器材准备

名　称	图	用　途
科鲁兹1.6 L LDE 发动机总成和拆装台架		用于发动机机械系统拆装
常用工具（一套）		用于拆装一般连接螺栓
指针式扭力扳手 定扭矩扳手		用于拆装螺栓、紧固螺栓扭矩

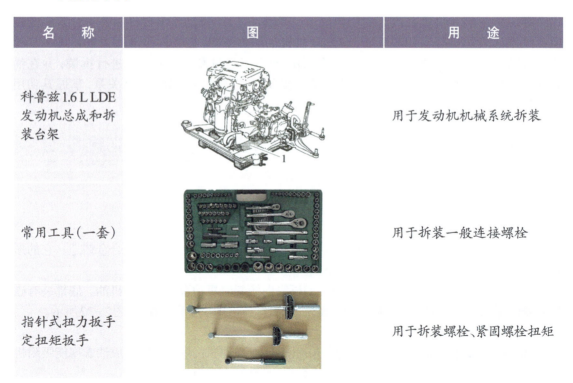

（续表）

名　称	图	用　途
铲刀		用于拆卸零部件和清洁表面
EN-45059 角度测量仪	EN-45059 J-45059 角度测量仪	用于塑性紧固螺栓定角度拧动
雪佛兰科鲁兹 1.6 L LDE发动机 维修手册	2015款雪佛兰科鲁兹维修手册	用于查阅发动机拆装工艺和数据

任务实施

1. 拆卸油底壳

（1）用E10套筒、接杆、棘轮扳手，按右图所示方式拆下油底壳② 15个油底壳螺栓①。

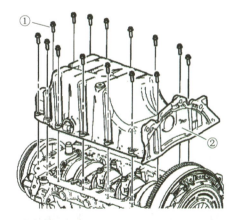

（2）将刮刀的刃片插入曲轴箱和油底壳之间，切断密封胶并拆下油底壳。

注意事项

◇ 小心不要损坏曲轴箱、链条盖和油底壳的接触面。

2. 安装油底壳

(1) 使用铲刀,清除油底壳接触面上所有旧的填料。清除后用抹布将接触面擦拭干净。

(2) 在接合面(箭头)涂上一层约3.5 mm (0.138 in)厚的油底壳密封胶。

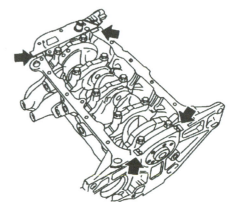

(3) 在油底壳上涂上一层约3.5 mm (0.138 in)厚的油底壳密封胶①。

 注意事项

◇ 包括扭矩检查在内,装配时间不得超过10分钟。

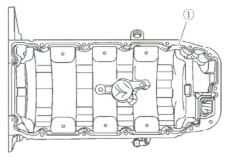

(4) 用E10套筒、接杆、棘轮扳手和定扭矩扳手,按右图所示方式将油底壳15个螺栓①分别拧紧并紧固至10 N·m,完成油底壳②安装。

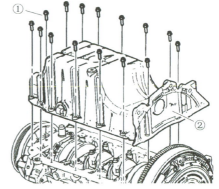

拓展学习

看一看

大众汽车EA888系列发动机油底壳的结构特点

大众汽车EA888系列发动机油底壳分为3个部分。

上层油底壳用铝合金制成,和缸体固定在一起,并用密封胶将四周加以密封。上层油底壳主要用来安装机油泵,同时也可以加强缸体。

中层油底壳用塑料制成,主要是为了防止汽车行驶在颠簸路面上机油的过度晃动。

下层油底壳用钢板冲压而成,它主要用于存放机油。机油的放油螺栓固定在其下部,如图2-24所示。

试一试

大众汽车EA888系列发动机油底壳拆装

运用已学习的知识和操作技能,尝试在参阅大众汽车维修手册之后,对大众汽车EA888发动机进行油底壳拆装;在作业过程中认识油底壳结构以及与相关零部件的连接关系。

▲图2-24　大众汽车EA888系列发动机油底壳

练习与检测

1. 判断题

（1）油底壳底部装有磁性放油螺栓可吸附机油中铁屑,减少发动机磨损。（　　）

（2）科鲁兹1.6 L LDE发动机的油底壳是通过密封胶和垫圈进行密封。（　　）

（3）科鲁兹1.6 L LDE发动机的油底壳螺栓拧紧力矩为20 N·m。（　　）

（4）拆卸油底壳固定螺栓时,建议按照从外到内对角线的形式拆卸。（　　）

2. 单选题

（1）以下哪项不是描述油底壳的功用?（　　）

　　A. 储存机油　　　　B. 吸附金属杂质　　　C. 形成燃烧室　　　　D. 封闭曲轴箱

（2）科鲁兹1.6 L LDE发动机规定,在涂抹密封胶后,装上油底壳应在(　　　)完成。
　　A. 1分钟内　　　　　B. 3分钟内　　　　　C. 5分钟内　　　　　D. 10分钟内
（3）油底壳一般为了加强散热效果采用(　　　)材料铸造。
　　A. 铝合金　　　　　B. 铸铁　　　　　　　C. 板材　　　　　　　D. 橡胶

3. 思考题
尝试编制大众汽车EA888发动机气缸盖拆装工艺步骤和要点。

模块二　活塞连杆组拆装

学习目标

- 掌握活塞连杆组结构和原理。
- 能识别活塞连杆组零部件结构。
- 能按工艺规程对活塞连杆组进行拆装。
- 具有严谨的活塞连杆组拆装质量意识和安全意识。
- 具有良好的技术交流、团队合作和环境保护意识。

学习导入

活塞连杆组件是发动机的重要组成件,其技术状况好坏,对发动机工作的影响特别明显。在发动机大修作业中,拆解活塞连杆组进行检修是一项重要的修理项目。

活塞连杆组安装在曲柄连杆机构中核心基础件气缸体上,用于将活塞的往复运动转变为曲轴的旋转运动,同时它把燃烧气体的压力传给曲轴,使曲轴旋转并输出动力,如图2-25所示。

活塞连杆组的拆装作业是发动机大修等发动机内部机件进行检修的前期作业;同时也能清晰地认识以及理解活塞连杆组的结构和原理。

▲图2-25　活塞连杆的安装位置

任务　活塞连杆组拆装

任务描述

有一辆雪佛兰科鲁兹汽车的用户反映,其1.6 L LDE发动机出现油耗增加,加速无力,烧机油等现象。经维修人员检查后初步判断,该发动机技术状况变差,需要大修,拆检活塞连杆组等部件进一步检测。现请你根据发动机维修资料,使用专用、通用工具对发动机活塞连杆进行拆装；并在活塞连杆拆装作业过程中，认识活塞连杆基本结构以及与相连机件的相互之间关系，掌握其功用和原理。

任务准备

一、知识准备

1. 活塞连杆组

活塞连杆组安装在气缸体内，主要由活塞、活塞环、活塞销、连杆等机件组成，如图2-26所示。活塞连杆组承受气体压力，并将此力通过活塞销传给连杆以推动曲轴旋转。

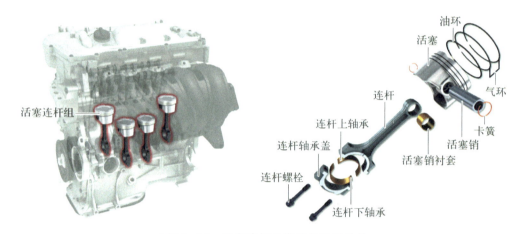

▲图2-26 活塞连杆组安装位置及结构

2. 活塞

活塞可分为三部分：活塞顶部、活塞头部和活塞裙部，如图2-27所示。

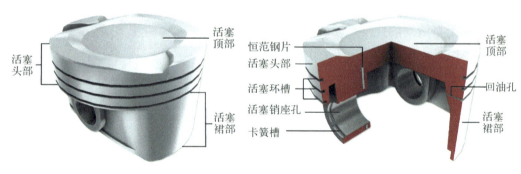

▲图2-27 活塞结构

1) 活塞结构

（1）活塞顶部是燃烧室的组成部分，常制成不同的形状。它的选用与燃烧室形式有关。汽油机活塞顶部多采用平顶或凹顶。平顶活塞结构简单，加工方便，受热面积小。凹顶活塞可以用来调节发动机的压缩比，且可以改善燃烧室形状，但顶部受热量大，易形成积碳，加工制造比较困难。有的活塞顶部有装配标记，装配时要指向发动机前端。

（2）活塞头部上面一般有2～3道槽用来安装气环，最下面一道用来安装油环。油环槽的底部钻有很多径向小孔被称为回油孔,使油环从气缸壁上刮下的多余润滑油经此流回油底壳。

(3) 活塞裙部上开有圆孔用来安装活塞销,圆孔上有卡簧槽。活塞裙部用来引导活塞在气缸中作往复运动。

2) 活塞功用

活塞的主要功用是承受气缸中的气体压力,并将此压力通过活塞销传递给连杆,以推动曲轴旋转。活塞顶部还与气缸盖、气缸壁等共同组成燃烧室,如图2-28所示。

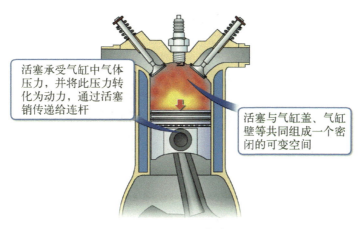

▲图2-28 活塞功用

3. 活塞环

1) 活塞环结构

活塞环是中间断开的弹性金属环,发动机工作时,活塞和活塞环都会发生热膨胀,并且,活塞环随活塞在气缸内作往复运动时,有径向胀缩变形现象。因此,活塞环在气缸内应有端隙、侧隙和背隙,如图2-29所示。

➤ 端隙又称开口间隙,是活塞冷状态下装入气缸后开口处的间隙。

➤ 侧隙又称边隙,是环高方向上与环槽之间的间隙。

➤ 背隙是活塞和活塞环装入气缸后,活塞环背面与环槽底部间的间隙。

2) 活塞环类型

活塞环包括气环和油环两种。活塞上部安装气环,下部为油环。活塞环装在活塞上时,环的开口相互错开,一般三道环之间相互错开120°,如图2-30所示。

3) 活塞环功用

(1) 气环。气环用于保证活塞与气缸壁间的密封,防止气缸中的高温、高压燃气大量漏入曲轴箱,同时还将活塞顶

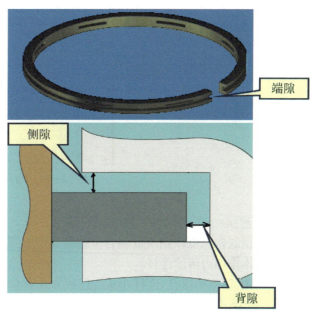

▲图2-29 活塞环"三隙"

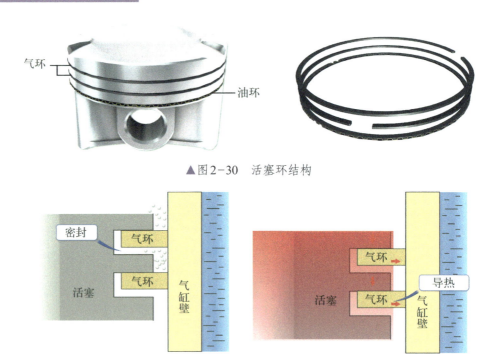

▲图2-30 活塞环结构

▲图2-31 气环功用

部的大部分热量传给气缸壁,起到导热作用,如图2-31所示。

(2)油环。油环在活塞下行时,刮除气缸壁上多余的机油;在活塞上行时,将机油均匀涂布在气缸壁上。这样既可以防止机油窜入气缸燃烧,又可以减小活塞、活塞环与气缸壁的磨损与摩擦阻力,如图2-32所示。

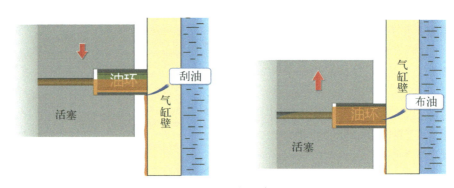

▲图2-32 油环功用

4. 活塞销

活塞销通常用低碳钢或低碳合金钢做成空心圆柱体,它的功用是连接活塞和连杆,将活塞承受的气体作用力传给连杆。

活塞销、活塞销座孔、连杆小头的连接方式有全浮式和半浮式两种,如图2-33所示。

(1)全浮式活塞销——在发动机正常工作温度下,活塞销在连杆小头孔和活塞销座孔中都能转动。

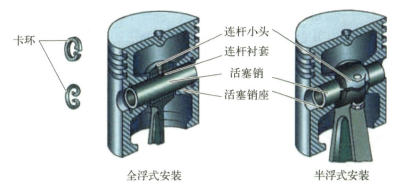

▲图2-33　活塞与连杆的连接形式

（2）半浮式活塞销——销与销座孔和连杆小头两处，一处固定，一处浮动。（一般固定连杆小头）

5. 连杆与连杆轴承

1）连杆与连杆轴承结构

连杆分为连杆小头、杆身和连杆大头三部分，如图2-34所示。

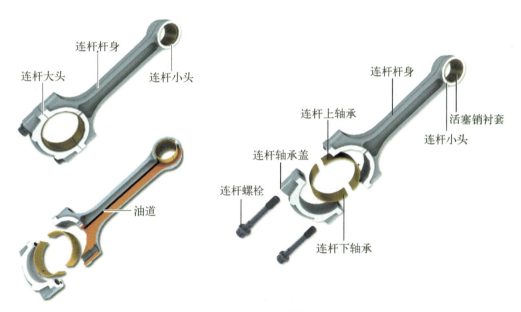

▲图2-34　连杆结构

（1）连杆小头用于安装活塞销，连接活塞。全浮式连杆小头内压有润滑衬套。

（2）杆身多采用"工"字形断面，以提高其抗弯刚度。杆身内有纵向的压力油通道，以对活塞销进行压力润滑。

（3）连杆大头通过轴承与曲轴的连杆轴颈相连。为便于安装，通常将连杆大头做成剖分式，上半部与杆身一体，下半部即为连杆盖，两者通过螺栓装合，其中有油道通向活塞销。

连杆轴承采用钢背和减磨层组成的分开式薄壁滑动轴承，内表面有油槽，用以贮油和保证润滑。

2）连杆与连杆轴承功用

连杆与连杆轴承的功用是连接活塞和曲轴，把活塞的往复运动转变为曲轴的旋转运动，并将活塞承受的力传给曲轴，如图2-35所示。

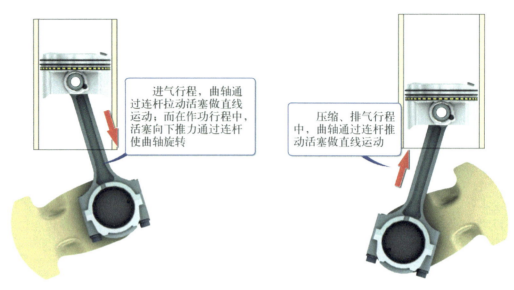

▲图2-35　连杆与连杆轴承功用

二、器材准备

名　　称	图	用　　途
科鲁兹1.6 L LDE 发动机总成和拆装台架		用于发动机机械系统拆装
常用工具（一套）		用于拆装一般连接螺栓
指针式扭力扳手 定扭矩扳手		用于拆装螺栓、紧固螺栓扭矩

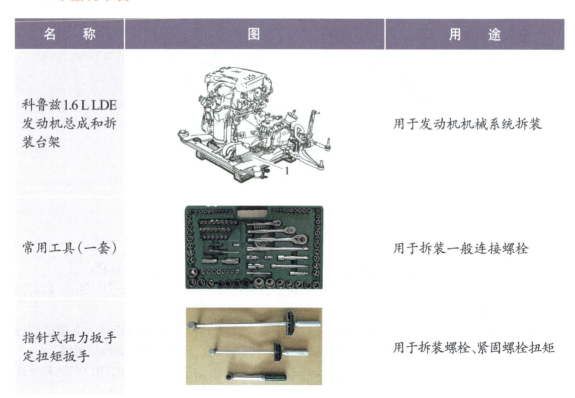

（续表）

名　　称	图	用　　途
铰刀		用于去除气缸顶部的所有积碳
活塞环压缩器		用于将活塞装入气缸
活塞环卡钳		用于气环的拆装
EN-45059 角度测量仪	EN-45059 J-45059 角度测量仪	用于塑性紧固螺栓定角度拧动
雪佛兰科鲁兹 1.6 L LDE发动机维修手册	2015款雪佛兰科鲁兹维修手册	用于查阅发动机拆装工艺和数据

任务实施

1. 拆卸活塞连杆组

1）拆卸带连杆的活塞分总成

（1）用铰刀去除气缸顶部的所有积碳。

（2）沿发动机旋转的方向将活塞连杆总成转置上止点位置。

（3）标记带连杆轴承盖的连杆。

注意事项

◇ 连杆和连杆盖的装配标记是为了确保正确地重新安装。
◇ 若没有装配标记,用号码钢印在连杆轴承盖侧面做好标记。

（4）用E10套筒、接杆和指针式扭力扳手分几次交替拧松连杆轴承盖螺栓,然后拆下2个连杆螺栓。

（5）用2个已拆下的连杆轴承盖螺栓,通过左右摇动连杆盖,拆下连杆轴承盖和下轴承。

注意事项

◇ 连杆轴承应保持在连杆轴承盖中。

（6）从气缸体的上部推出活塞连杆总成和上轴承。

注意事项

◇ 连杆和连杆轴承盖的剪切面形成一个独特的配合并且不可更换或损坏,不要平放在剪切面上。
◇ 使轴承、连杆和连杆轴承盖连在一起。
◇ 拆下后按正确的顺序摆放活塞和连杆总成。

2) 拆卸活塞环组件
(1) 用活塞环扩张器拆卸2个气环。

(2) 用手拆下油环刮片和油环胀圈。

3) 拆卸连杆轴承
(1) 若需更换连杆轴承时,从下连杆轴承盖上拆下连杆下轴承。
(2) 从连杆上拆下连杆上轴承。

2. 安装活塞连杆组
1) 若更换了连杆轴承,则先将连杆轴承安装到连杆和轴承盖上

注意事项

◇ 不要在轴承背面和连杆大头接触表面上涂抹发动机机油。

2）安装活塞环组件

（1）用手安装油环胀圈和油环刮片。

 注意事项

◇ 安装油环胀圈和刮片，使其环的端面处于相反的两侧。
◇ 将油环胀圈牢固地安装至油环的内槽。

（2）用活塞环扩张器安装2个气环，并使字样朝上。

 注意事项

◇ 油漆标记仅在新活塞上检查到。重新使用活塞环时，检查各活塞环外形，以将其安装到正确位置。

（3）放置活塞环以使活塞环端处于如图所示位置。第一个活塞环在位置①中，第二个活塞环在位置②中，油环胀圈在位置③中，油环刮片在位置（④和/或⑤）中。

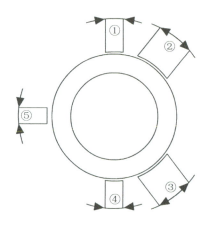

 注意事项

◇ 活塞相对于连杆的安装位置。

3)安装带连杆的活塞分总成

(1)清洁气缸内壁,活塞,活塞环,连杆轴承和连杆螺栓。在气缸内壁、活塞、活塞环、活塞环压缩器、连杆轴承表面上涂抹发动机机油。

(2)把曲轴的连杆轴颈转到下止点;活塞环开口按要求错开布置;使活塞标记朝前,用活塞环压缩器将活塞环压缩后的活塞连杆总成放入对应气缸内。

(3)用手锤木柄轻轻敲打活塞顶部将活塞连杆轴承推入气缸中。

注意事项

◇ 将活塞连杆组装入气缸时,应使记号朝向机体前方。
◇ 使连杆轴承盖与连杆的编号(或记号)相匹配。

(4)在连杆轴承盖螺栓下部涂抹一薄层发动机机油。

(5) 检查并确认连杆轴承盖朝着正确的方向。

4) 安装连杆轴承盖螺栓

(1) 用E10套筒、接杆和棘轮扳手分几次交替拧紧连杆轴承盖螺栓,再用定扭扳手将连杆轴承盖螺栓紧固至35 N·m。

(2) 使用EN-45059仪表,将连杆螺栓旋转紧固45°。再次使用EN-45059仪表,将连杆螺栓旋转紧固15°。

拓展学习

大众汽车EA888系列发动机活塞连杆组的结构特点

大众汽车EA888系列发动机活塞连杆组的结构特点如图2-36所示。

活塞是特殊形状的FSI铸造活塞,其上有供安装上部活塞环的支架,镀膜裙部和活塞本身都经久耐用并且可以在最小的摩擦损耗工况下平稳运行。

活塞销在连杆中直接与钢连杆连接,在活塞中直接与铝合金活塞连接,为此,活塞销采用了特殊的表面涂层。其结构采用全浮式活塞销。活塞销长度远小于活塞直径,因此活塞销对销座孔表面有很大的接触压力,必须用选配法来保持接触面积。在活塞销座孔也留有储油槽,以改善活塞销与销座孔的润滑。

活塞环第一道气环是矩形环,第二道气环是锥面环,第三道油环是一个带扩张器的倒角环。

梯形连杆设计为断裂式连杆,黄铜衬套被压置在连杆小端轴承中,连杆大端轴承上有不同的尺寸,上部轴瓦是两件式复合轴承,下部轴瓦是三件式复合轴承。

连杆螺栓为塑性螺栓,在按规定扭矩拧紧连杆螺栓时,连杆螺栓在塑性形变范围内被拉长,螺栓与螺母间有较大、稳定的摩擦力而紧固可靠,因此无需再有锁止装置。

试一试

大众汽车EA888系列发动机活塞连杆组拆装

运用已学习的知识和操作技能,尝试在参阅大众汽车维修手册之后,对大众汽车EA888

项目二　曲柄连杆机构拆装　67

▲图2-36　大众汽车EA888发动机活塞连杆组

发动机进行活塞连杆组拆装；在作业过程中认识活塞连杆组结构以及与相关零部件的连接关系。

练习与检测

1. 判断题

（1）活塞连杆组由活塞、活塞环和连杆3部分组成。　　　　　　　　　　　　（　）
（2）拆卸了连杆盖螺栓后，可以轻松地将连杆盖取下。　　　　　　　　　　　（　）
（3）安装连杆盖螺栓，只要用扭力扳手用20 N·m的扭矩固定。　　　　　　　（　）
（4）科鲁兹1.6发动机有三道气环一道油环，安装时需要相互错开。　　　　　（　）

2. 单选题

（1）拆卸活塞连杆组之前，需先清除积碳使用的是：(　　)
　　A. 铲刀　　　　　　B. 铰刀　　　　　　C. 刮刀　　　　　　D. 螺丝刀
（2）安装连杆盖螺栓时，需要按规定扭矩紧固后，再旋转紧固：(　　)
　　A. 45°　　　　　　B. 90°　　　　　　C. 135°　　　　　　D. 180°
（3）以下哪项不是活塞连杆组的组成部件(　　)。
　　A. 活塞环　　　　　B. 活塞销　　　　　C. 凸轮　　　　　　D. 连杆

（4）安装活塞连杆组时，以下哪句描述是不正确的（　　）。
    A. 将活塞连杆插入气缸体时，不要使其接触机油喷嘴
    B. 使连杆盖与连杆的号相匹配
    C. 连杆盖螺栓的紧固分3步完成
    D. 不要在连杆轴承任意表面涂抹机油

3. 思考题

尝试编制大众汽车EA888发动机活塞连杆组拆装工艺步骤和要点。

模块三 曲轴飞轮组拆装

学习目标

- 掌握曲轴飞轮组结构和原理。
- 能识别曲轴飞轮组零部件结构。
- 能按工艺规程对曲轴飞轮组进行拆装。
- 具有严谨的曲轴飞轮组拆装质量意识和安全意识。
- 具有良好的技术交流、团队合作和环境保护意识。

学习导入

当发动机异响判断为曲轴轴承异响时,就要对发动机曲轴飞轮组件进行拆解,判断其技术状况并通过选配等修复方法排除异响故障,恢复发动机良好的机械性能。

曲轴飞轮组安装在曲柄连杆机构中核心基础件气缸体的下部,用于将活塞连杆组的往复运动转变为曲轴的旋转运动,并对外输出动力,是发动机实现正常运转的重要机件,如图2-37所示。

曲轴飞轮组的拆装作业是对发动机内部机件进行检修的前期作业;同时也能清晰地认识以及理解曲轴飞轮组的结构和原理。

▲图2-37 曲轴飞轮组的安装位置

任务 曲轴飞轮组拆装

任务描述

有一辆雪佛兰科鲁兹汽车的用户反映,其1.6 L LDE发动机出现异响的现象。经维修人员检查后初步判断,该发动机异响部位在气缸体下部靠近曲轴箱分开面处,需要拆解曲轴进一步检测。现请你根据发动机维修资料,使用专用、通用工具对发动机曲轴飞轮组进行拆装;并在曲轴飞轮拆装作业过程中,认识曲轴飞轮基本结构以及与相连机件的相互之间关系,掌握其功用和原理。

任务准备

一、知识准备

1. 曲轴飞轮组

曲轴飞轮组主要由曲轴和飞轮以及其他具有不同作用的零件和附件组成,其零件和附件的种类和数量取决于发动机的结构和性能要求,如图2-38、图2-39所示。

▲图2-38　曲轴飞轮组外观展示图

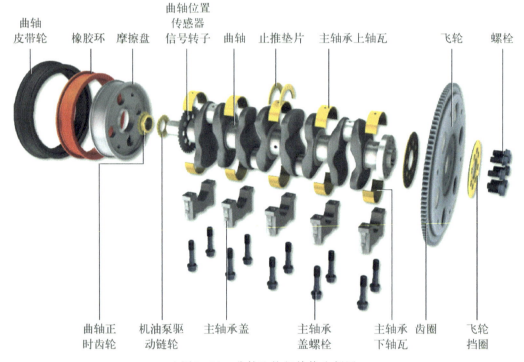

▲图2-39　曲轴飞轮组结构分解图

2. 曲轴

1）曲轴结构

曲轴主要由前端轴、平衡重、连杆轴颈、主轴颈、曲柄臂和后端凸缘等部件组成。在发动机工作中,曲轴要承受弯曲与扭转载荷,要求曲轴要具有足够的刚度、强度和耐磨性,如图2-40所示。

（1）曲拐的布置。一个连杆轴颈与它两端的曲柄及主轴颈构成一个曲拐。曲轴的曲拐数取决于气缸的数目及其排列方式。直列式发动机曲轴的曲拐数等于气缸数,V形发动机曲轴的曲拐数等于气缸数的一半,如图2-41所示。

（2）平衡重。平衡重在曲拐的对面,用来平衡发动机不平衡的离心力和离心力矩,有时还用来平衡一部分往复惯性力,如图2-42所示。

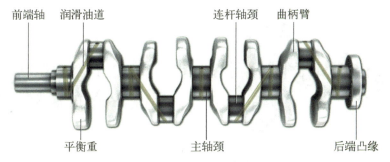

▲图2-40 曲轴结构

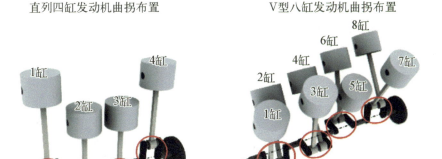

▲图2-41 曲拐数

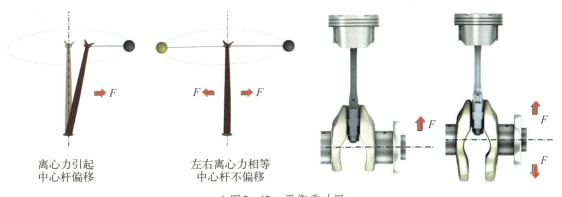

▲图2-42 平衡重功用

2）曲轴功用

曲轴的功用是承受活塞连杆组传来的力,并由此产生绕其本身轴线的力矩,并将转矩对外输出。同时,曲轴还为活塞连杆组的上行运动提供动力,如图2-43所示。

3）曲轴支承形式

主轴颈是曲轴的支承部分,如图2-44所示。

全支承曲轴——每个连杆轴颈两边都有一个主轴颈者；

非全支承曲轴——主轴颈数等于或少于连杆轴颈数者。

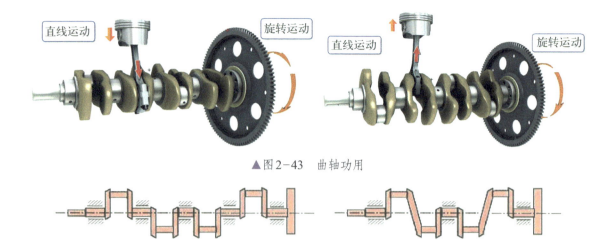

▲图2-43 曲轴功用

▲图2-44 曲轴的支承形式

3. 飞轮

1）飞轮结构

飞轮是一个转动惯量很大的圆盘，外缘上压有一个齿圈，与起动机的驱动齿轮啮合，供起动机起动发动机时使用。为了保证足够的转动惯量，飞轮轮缘通常做得宽而厚，如图2-45所示。

2）飞轮功用

飞轮的功用是储存做功行程的一部分动能，以克服其他行程中的阻力，使曲轴均匀旋转，使发动机具有克服短时超载的能力。

4. 带扭转减振器的皮带轮

1）带扭转减振器的皮带轮结构

带扭转减振器的皮带轮主要由曲轴皮带轮、壳体、曲轴皮带轮轮毂、橡胶环等组成，如图2-46所示。

2）扭转减振器功用

连杆作用于曲轴上的力是呈周期性变化的，造成曲轴的扭转振动，曲轴扭转减振器用来消

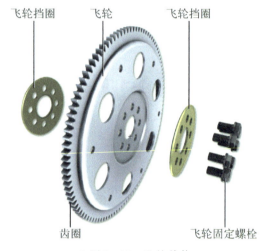

▲图2-45 飞轮结构

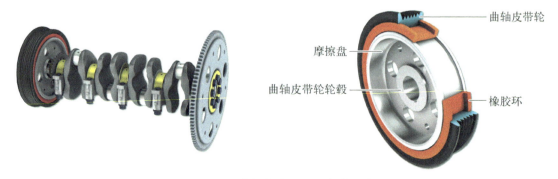

▲图2-46 带扭转减振器的皮带轮结构

项目二 曲柄连杆机构拆装 | 73

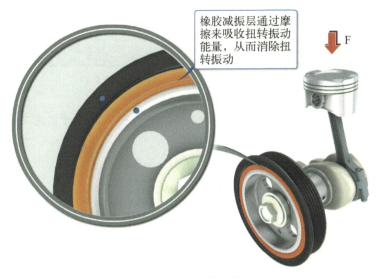

▲图2-47 扭转减振器功用

减曲轴转动时产生的扭转振动,如图2-47所示。汽车发动机常用的曲轴扭转减振器为橡胶式扭转减振器。

二、器材准备

名　　称	图	用　　途
科鲁兹1.6 L LDE 发动机总成和拆装台架		用于发动机机械系统拆装
常用工具(一套)		用于拆装一般连接螺栓
指针式扭力扳手 定扭矩扳手		用于拆装螺栓、紧固螺栓扭矩

（续表）

名称	图	用途
飞轮固定工具 EN-652		用于固定飞轮
后主密封件拆装工具 EN-6624		用于拆卸油封
销子拆卸工具 EN-328-B		用于拆卸油封
EN-45059 角度测量仪	EN-45059 J-45059 角度测量仪	用于塑性紧固螺栓定角度拧动
雪佛兰科鲁兹 1.6L LDE 发动机维修手册	2015款雪佛兰科鲁兹维修手册	用于查阅发动机拆装工艺和数据

任务实施

1. 拆卸曲轴飞轮组

1）拆卸飞轮分总成

（1）安装EN-652固定工具①以固定飞轮。

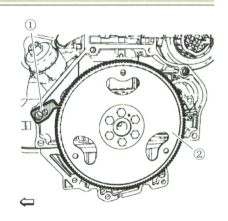

（2）用E17 mm套筒，指针式扭力扳手按对角顺序松开6个飞轮①螺栓②，拆下飞轮螺栓和飞轮分总成。

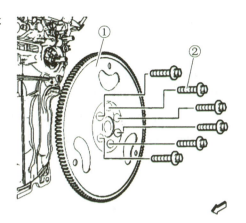

2）拆卸曲轴后油封

（1）使用合适套筒、接杆、棘轮扳手，拆下曲轴位置传感器螺栓②，从曲轴后油封壳体①拆下曲轴位置传感器③。

  注意事项

◇ 切勿让曲轴信号轮接触到外部磁场区域或尖锐的金属物体；切勿抛掷曲轴信号轮；切勿损坏信号轮橡胶涂层。

（2）拆下曲轴后油封壳体①和曲轴位置传感器变磁阻环②。

（3）使用适合的工具，如划线器①放在曲轴后油封的外缘，在曲轴后油封的五点钟和七点钟的位置钻一个孔。

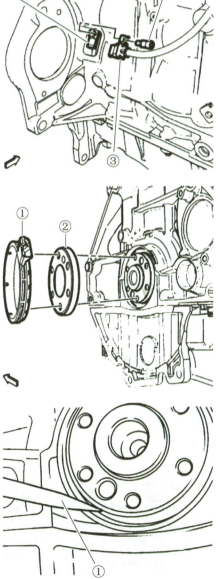

(4)拆下密封圈①。

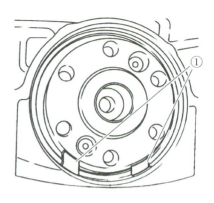

> **注意事项**
> ◇ 钻孔的孔径不得超过2 mm,否则EN-6624拆卸工具的螺栓将无法夹紧。

(5)将EN-6624拆卸工具①安装到曲轴后油封上并上紧螺栓。

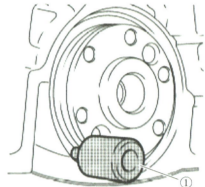

(6)将EN-328-B拆卸工具①安装到EN-6624拆卸工具②上,并拆下曲轴后油封。

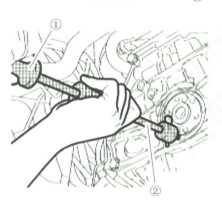

3)拆卸曲轴

(1)用E12套筒、接杆和指针式扭力扳手按由两边向中间的顺序(如下图所示),均匀分几次交替拧松并拆下10个主轴承盖螺栓。

（2）用2个已拆下的主轴承盖螺栓依次插入轴承盖，左右摇动并向上用力将轴承盖拉出。同样方法拆卸5个主轴承盖和下主轴承。

 注意事项

◇ 小心不要损坏轴承盖和气缸体的接触面。
◇ 将下轴承和主轴承盖作为一个组件保存，并按正确的顺序摆放。

（3）取出曲轴。

4）拆卸曲轴主轴承
（1）从气缸体上拆下5个上主轴承。
（2）从5个主轴承盖上拆下5个下主轴承。

 注意事项

◇ 按正确的顺序摆放轴承。
◇ 第三道曲轴轴承带有翻边。

2. 安装曲轴飞轮组

1) 安装曲轴主轴承

(1) 组装曲轴轴承盖。

(2) 安装上轴瓦。

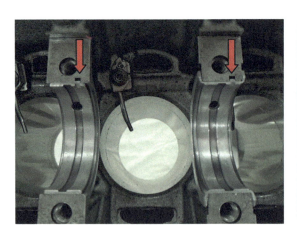
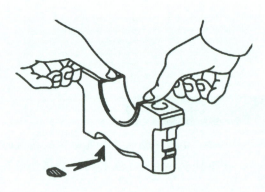

> **注意事项**
>
> ◇ 不要在曲轴轴承背面和主轴承接触表面上涂抹发动机机油。
> ◇ 安装曲轴轴承要求缺口对准凹槽。

2) 安装曲轴

(1) 在上主轴承上涂抹发动机机油,并将曲轴安装到气缸体上。

(2) 在下主轴承上涂抹发动机机油。

(3) 检查标记,并将主轴承盖安装到气缸体上。

(4) 在主轴承盖螺栓的螺纹上涂抹一薄层发动机机油。

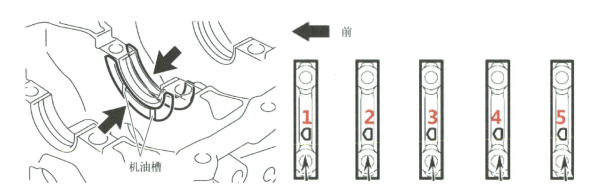

（5）用工具拧紧10个主轴承盖螺栓。

（6）用塑料锤轻轻敲击主轴承盖以确保正确安装。

（7）用E12套筒、接杆安装曲轴轴承盖螺栓，然后按由中间向两边的顺序（如右图所示），均匀分次拧紧10个主轴承盖螺栓，再用定扭矩扳手紧固至50 N·m。

（8）在指针式扭力扳手上安装EN-45059角度测量仪专用工具（或在主轴承盖螺栓前端作标记），由中间向两边的顺序（如右图所示），将主轴承盖螺栓紧固45°后，再紧固15°。

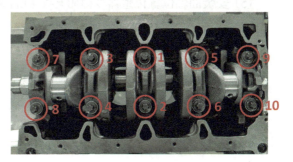

3）安装曲轴后油封

（1）将曲轴后油封②滑过包含在EN-235-D套件中的EN-235-6安装工具①。

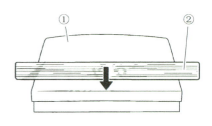

（2）用EN-235-6安装工具②将曲轴后油封①安装到曲轴上。

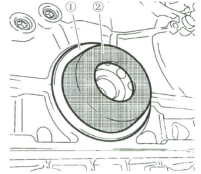

（3）用EN-658-1安装工具②敲击曲轴后油封①。

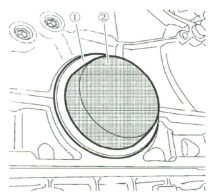

（4）检查曲轴后油封是否正确就位，EN-658-1安装工具必须与在位置①处与气缸体齐平。

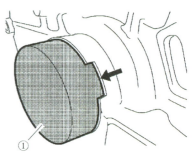

（5）安装曲轴位置传感器变磁阻环②和油封壳体①。

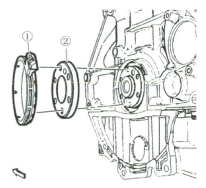

 注意事项

◇ 切勿让曲轴信号轮接触到外部磁场区域或尖锐的金属物体。切勿抛掷曲轴信号轮。切勿损坏信号轮橡胶涂层。

(6)安装曲轴后油封壳体①。

(7)使用合适套筒、接杆、棘轮扳手,将曲轴位置传感器②安装到曲轴后油封壳体①上,并紧固至4.5 N·m。

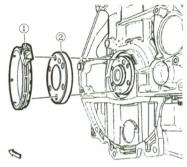

4)安装飞轮

(1)安装飞轮②,用EN-652固定工具①以固定飞轮。

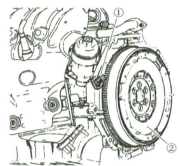

(2)安装6个新的飞轮螺栓(①②)。

(3)用E17 mm套筒按对角的顺序,分次均匀地预紧6个飞轮螺栓,再用定扭矩扳手将8个飞轮螺栓紧固至35 N·m。

(4)在指针式扭力扳手上安装EN-45059角度测量仪专用工具(或在飞轮螺栓前端作标记③),按对角的顺序,将飞轮螺栓紧固45°后,再紧固15°。

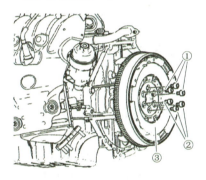

拓展学习

大众汽车EA888系列发动机曲轴飞轮组件的结构特点

大众汽车EA888发动机曲轴飞轮组件是带5个轴承的曲轴,由钢制成并且经过硬化处理。最佳的内部平衡是通过使用8个平衡块实现的。为了进一步加强曲轴总成的强度,三个内主轴承盖被用螺栓侧面固定在曲轴箱上。主轴瓦是复合两件式轴承。曲轴在轴向上由安装在中间支撑轴承上的止推垫圈固定。

飞轮是用铸铁制成,飞轮上有上止点和点火正时记号,如图2-48所示。

大众汽车EA888系列发动机曲轴飞轮拆装

运用已学习的知识和操作技能,尝试在参阅大众汽车维修手册之后,对大众汽车EA888发

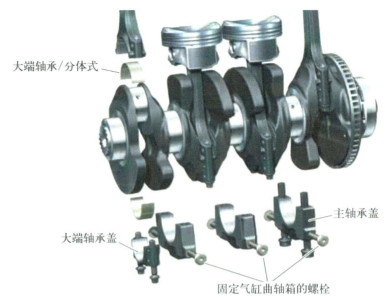

▲图2-48 大众汽车EA888系列发动机曲轴飞轮组件

动机进行曲轴飞轮拆装;在作业过程中认识曲轴飞轮组结构以及与相关零部件的连接关系。

练习与检测

1. 判断题

(1) 飞轮是一个转动惯量很大的圆盘,外缘上压有一个齿圈,与起动机的驱动齿轮啮合,供起动发动机时使用。（　　）

(2) 拆卸飞轮时,需要使用专用工具固定住曲轴。（　　）

(3) 拆卸了2个主轴承盖螺栓后,即可将主轴承盖取下。（　　）

(4) 安装飞轮固定螺栓时,只要连续安装相邻螺栓即可。（　　）

(5) 安装曲轴承盖螺栓时,按顺序由中间向两边安装并均匀紧固。（　　）

2. 单选题

(1) 以下哪项不是曲轴飞轮组的部件？（　　）
    A. 曲柄　　　　　B. 平衡重　　　　C. 主轴颈　　　　D. 连杆

(2) 拆卸曲轴主轴承盖螺栓时,应按照的顺序是:（　　）
    A. 由两边向中间　　B. 由中间向两边　　C. 顺序循环　　D. 任意

(3) 安装曲轴上止推垫圈时,机油槽放置方向是:（　　）
    A. 向内　　　　　B. 向外　　　　　C. 根据标记　　　D. 任意

(4) 雪佛兰科鲁兹1.6 L LDE发动机主轴承盖的拧紧力矩是（　　）。
    A. 30 N·m+45°　　　　　　　　　　B. 30 N·m+45°+15°
    C. 50 N·m+45°　　　　　　　　　　D. 50 N·m+45°+15°

3. 思考题

尝试编制大众汽车EA888发动机曲轴飞轮组的拆装工艺步骤和要点。

项目三　配气机构拆装

项目导学

汽车的配气系统相当于人体的呼吸系统,正确呼吸时间、正常的呼吸量直接影响着人体的健康。同样,汽车的配气系统也是如此,只有符合要求的零部件及正确的装配关系,才能保证系统的正常运行。

本项目通过参考相关车辆的保养手册,使用专用工具和通用工具对发动机正时皮带的拆装、凸轮轴的拆装、气门组的拆装,并对客户提出发动机使用注意事项和建议。

本项目的主要任务如图3-1所示。

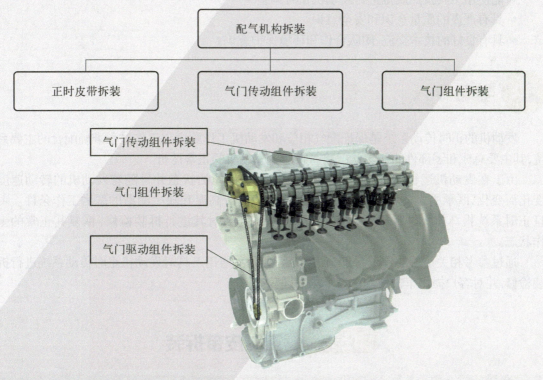

▲图3-1　配气机构拆装示意图

配气机构的功用是根据发动机工作的需求,定时开启或关闭进、排气门,使可燃混合气和空气及时进入气缸,并将废气排出气缸。

配气机构主要由三大部分组成:气门组、气门传动组及气门驱动组件,如图3-1所示。
- 气门组由气门、气门导管、气门弹簧、气门锁片及气门弹簧等组成;
- 气门传动组由凸轮轴、摇臂等组成;
- 气门驱动组由正时链条、凸轮轴正时齿轮及曲轴正时齿轮等组成。

模块一　正时皮带拆装

学习目标

- 掌握气门驱动组的结构和原理。
- 能使用工具按照规范拆装正时皮带。
- 能使用工具按照规范进行发动机正时调整。
- 具有严谨的质量意识和安全意识。
- 具有良好的技术交流、团队合作和环境保护意识。

学习导入

发动机的正时传动系统是保证配气相位和发动机工作顺序与工作过程准确配合的主要系统，其主要总成和零部件的技术状况将直接影响发动机的正常运行。

由于在发动机运行过程中，正时系统处于一直运作的状态并且随着发动机的转动速度变化而变化，既承受发动机各种冲击和负荷，又承受着高温和缺少润滑的恶劣工作条件。一旦正时系统损坏就无法保证发动机的正常运行，需要对其进行拆装检修，恢复其正常的工作状态。

通过参考相关车辆的保养手册，使用专用工具和通用工具对发动机正时传动系统进行拆装检修，并对客户提出车辆使用注意事项和建议。

任务　正时皮带拆装

任务描述

有一辆雪佛兰科鲁兹汽车的用户反映，其1.6 L LDE发动机曲轴皮带端出现"哒、哒、哒"的异响现象，且随转速增加异响变大。经维修人员检查后初步判断，该发动机配气机构出现故障，需要拆检正时皮带做进一步检测。现请你根据发动机维修资料，使用专用、通用工具对发动机正时皮带进行拆装；并在正时皮带拆装作业过程中，认识正时皮带结构特点以及相互之间关系，掌握其功用和原理。

任务准备

一、知识准备

1. 气门驱动组

以科鲁兹为例,气门驱动为正时皮带驱动。气门驱动组主要由正时皮带、凸轮轴正时齿轮及曲轴正时齿轮、张紧轮等组成。气门驱动组通过正时皮带及正时齿轮使曲轴驱动凸轮轴转动,如图3-2所示。

2. 正时皮带

正时皮带的功用是将曲轴正时齿轮的动力传递给凸轮轴正时齿轮,并且保证了曲轴正时齿轮与凸轮轴正时齿轮正确的相对位置。

3. 正时皮带张紧器

配气机构采用皮带式驱动时,为使皮带在工作时具有一定的张力而不致跳齿打滑,在正时皮带上装有张紧器。正时皮带张紧器主要由张紧器壳体、调整孔、锁止孔、固定螺栓等组成,如图3-3所示。

▲图3-2 气门驱动组

▲图3-3 气缸盖(下部)

二、器材准备

名　称	图	用　途
科鲁兹1.6 L LDE发动机总成		用于发动机机械系统拆装

（续表）

名　　称	图	用　　途
常用工具（一套）		用于拆装一般连接螺栓
指针式扭力扳手 定扭矩扳手		用于拆装螺栓、紧固螺栓扭矩
EN 6625 曲轴锁紧装置		锁止曲轴
EN 6340 凸轮轴锁止工具		锁止凸轮轴
EN 6333 正时皮带张紧器锁销		锁止正时皮带张紧器
雪佛兰科鲁兹1.6 L LDE发动机维修手册	2015款雪佛兰科鲁兹维修手册	用于查阅发动机拆装工艺和数据

任务实施

1. 拆卸正时皮带

1）拆卸正时皮带前上盖

（1）用E10 mm长套筒、短接杆、棘轮扳手拆下2个正时皮带前上盖螺栓②。

（2）拆下正时皮带前上盖①。

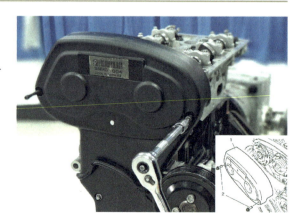

2）拆卸正时皮带中部前盖

（1）用E10 mm套筒、短接杆、棘轮扳手将正时皮带中部前盖从正时皮带后盖的2个位置上拆下固定螺栓。

（2）拆下正时皮带中部前盖①。

3）拆卸曲轴平衡器

（1）安装EN-652固定工具①。通过起动机齿圈锁止飞轮②。

（2）使用刚性扳手和E20 mm套筒拆下曲轴平衡器②并装回曲轴平衡器螺栓①。

4）拆卸正时皮带前下盖

（1）使用E10 mm套筒、短接杆、棘轮扳手拆下4个正时皮带前下盖螺栓②。

（2）拆下正时皮带前下盖①。

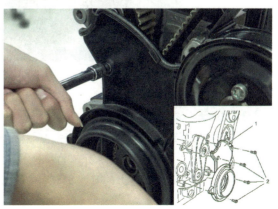

5）拆卸正时皮带

（1）沿发动机旋转方向,使用刚性扳手和E20mm套筒转动曲轴平衡器螺栓转动曲轴至燃烧行程的气缸上止点。

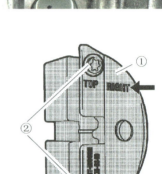

> **注意事项**
> ◇ 正时皮带主动齿轮与机油泵壳体必须对准。

（2）准备好EN-6340锁止工具的右半部分。

> **注意事项**
> ◇ EN-6340锁止工具的右半部分可通过箭头所指的工具上的字母right识别。

a. 如上图所示,用E8套筒、棘轮扳手拆下2个螺栓②。
b. 将前侧板①从EN-6340锁止工具-右侧分离。

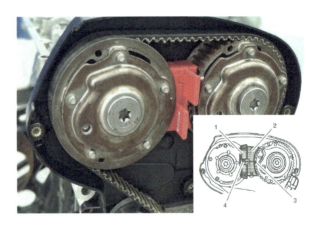

> **注意事项**
> ◇ 进气凸轮轴调节器上的点型标记④和EN-6340锁止工具-左侧①的凹槽在此过程中不对应,但是必须与上图所示的情况接近。
> ◇ 排气凸轮轴调节器上的点型标记③必须和EN-6340锁止工具-右侧②的凹槽相对应。

c. 将EN-6340锁止工具-左侧①和EN-6340锁止工具-右侧②插入凸轮轴调节器。

d. 使用6 mm内六角扳手①,沿箭头所指方向向正时皮带张紧滚柱②施加张紧力,安装EN-6333锁销③。

e. 使用T45套筒、棘轮扳手拆卸正时皮带张紧器②的固定螺栓③。

f. 取下正时皮带①。

2. 安装正时皮带

1)清洁正时皮带张紧器螺纹

使用抹布清洁正时皮带张紧器螺纹。

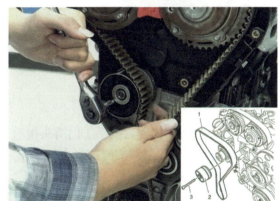

2)安装正时皮带张紧器

① 安装EN 6333正时皮带张紧器锁销。

② 使用T45套筒、棘轮扳手将新的正时皮带张紧器螺栓①。

(1)使用定扭矩扳手第一遍紧固至20 N·m。

(2)使用定扭矩扳手第二遍再紧固至120°。

(3)使用刚性扳手和角度仪最后一遍再紧固至15°。

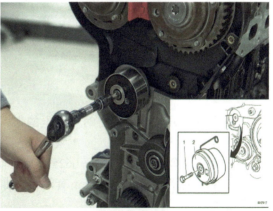

3)安装正时皮带

(1)检查曲轴位置在气缸①的燃烧冲程上止点。

注意事项

◇ 正时皮带主动齿轮与机油泵壳体必须对准。

（2）检查凸轮轴与专用工具EN-6340安装正常。

（3）装入正时皮带①。

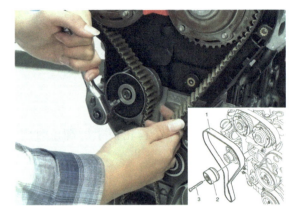

（4）使用6 mm内六角扳手①向箭头指示的方向对正时皮带张紧器②施加张力。

（5）拆下EN-6333锁销③。

 注意事项

◇ 正时皮带张力器自动移至正确位置。

（6）用手按压皮带释放正时皮带上的张力。

4）检查凸轮轴位置

（1）拆卸曲轴锁紧装置EN-6625和凸轮轴专用工具EN-6340。

（2）使用刚性扳手和E20 mm套筒转动曲轴扭转减振器螺栓沿发动机旋转的方向将曲轴旋转720°。

（3）将EN-6340锁止工具插入到凸轮轴链轮中。

（4）检查曲轴位置，正时皮带传动齿轮和油泵壳体必须对齐。

拓展学习

大众汽车EA 888发动机正时驱动系统的结构特点

大众汽车EA 888发动机气缸盖采用铝合金铸造。EA888发动机的配气机构采用顶置凸

项目三 配气机构拆装 91

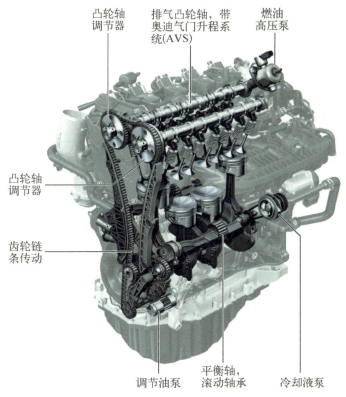

▲图3-4 大众汽车EA888发动机配气驱动装置

轮轴,直列双排四气门式,气缸盖上装有两个进气门组件和两个排气门组件;装有进、排气凸轮轴和轴承,且凸轮轴的轴承(下半轴承)是在气缸盖上平面直接加工而成的;还装有液压挺杆等气门传动组件。凸轮轴由曲轴通过齿形链传动,通过液压挺杆直接驱动进、排气门,如图3-4所示。

试一试

大众汽车EA888发动机正时链条的拆装

运用已学习的知识和操作技能,尝试在参阅大众汽车维修手册之后,对大众汽车EA888发动机进行正时链条的拆装;在作业过程中认识正时链条结构以及与相关零部件的连接关系。

练习与检测

1. 判断题
(1) 正时皮带的功用是驱动发动机的配气机构。   (   )
(2) 正时皮带寿命与发动机相同。   (   )
(3) 拆下正时皮带张紧器后,不能转动曲轴。   (   )
(4) 安装正时皮带时必须将正时标记对准。   (   )
(5) 正时皮带安装后,2小时内可以起动发动机。   (   )

2. 单选题

（1）科鲁兹中气门组采用哪种驱动方式？（   ）

　　A. 皮带传动式　　B. 链条传动式　　C. 齿轮传动式　　D. 液压传动式

（2）下述各零件不属于气门驱动组的是（   ）。

　　A. 正时皮带　　　　　　　　　　B. 凸轮轴正时齿轮

　　C. 曲轴正时齿轮　　　　　　　　D. 凸轮轴

3. 思考题

尝试编制大众汽车EA888发动机正时皮带拆装工艺步骤和要点。

模块二 气门传动组件拆装

学习目标

- 掌握气门传动组的结构和原理。
- 能使用工具按照规范拆卸凸轮轴。
- 能使用工具按照规范安装凸轮轴。
- 具有严谨的质量意识和安全意识。
- 具有良好的技术交流、团队合作和环境保护意识。

学习导入

发动机的气门传动系统是由发动机曲轴驱动而旋转,用来驱动和控制各缸气门的开启和关闭,使其符合发动机的工作顺序、配气相位及气门开度的变化规律等要求的主要系统,其主要总成和零部件的技术状况将直接影响发动机的正常运行。

由于发动机运行过程中正时系统处于一直运作的状态并且随着发动机转动速度变化而变化承受发动机各种冲击和负荷,承受着高温和缺少润滑的恶劣工作条件。一旦损坏或者磨损就无法保证发动机的正常运行,需要对其进行拆装检修,恢复其正常的工作状态。

通过参考相关车辆的保养手册,使用专用工具和通用工具对发动机气门传动组件进行拆装检修,并对客户提出车辆使用注意事项和建议。

任务 气门传动组件拆装

任务描述

有一辆雪佛兰科鲁兹汽车由于发动机进水熄火,其1.6 L LDE发动机需要进行大修。除发动机曲柄连杆机构外,还需要拆检凸轮轴做进一步检测。现请你根据发动机维修资料,使用专用、通用工具对发动机凸轮轴进行拆装;并在凸轮轴拆装作业过程中,认识凸轮轴结构特点以及相互之间关系,掌握其功用和原理。

任务准备

一、知识准备

1. 气门传动组

气门传动组主要由排气凸轮轴、进气凸轮轴、摇臂、液压挺杆等组成。气门传动组的功用是使进、排气门能按发动机工作需求在规定的时刻开闭,并且保证有足够的开度,如图3-5所示。

▲图3-5 气门传动组组成

2. 凸轮轴

1)凸轮轴结构

凸轮轴上有进排气凸轮,前端轴,凸轮轴轴颈以及凸轮轴位置传感器信号盘等。以卡罗拉为例,现代发动机都采用凸轮轴顶置式配气机构,即凸轮轴安装在气缸盖上,如图3-6所示。

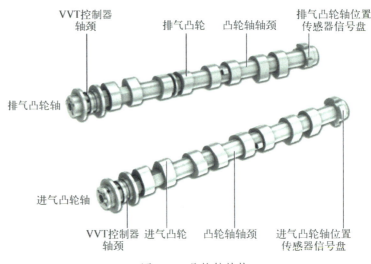

▲图3-6 凸轮轴结构

2)凸轮轴功用

凸轮轴的功用是使气门按一定的工作次序和配气相位及时开闭,并保证气门有足够的升程。凸轮轴是由发动机曲轴驱动旋转,并将力传递给摇臂,如图3-7所示。

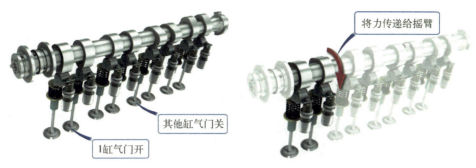

▲图3-7 凸轮轴功用

3. 摇臂

1）摇臂结构

摇臂主要由摇臂支架、衬套、滚轮、滚针、滚轮轴组成。摇臂的实质是杠杆,凸轮轴顶置式配气机构采用的摇臂为单臂杠杆。摇臂的支点为摇臂支座,如图3-8所示。

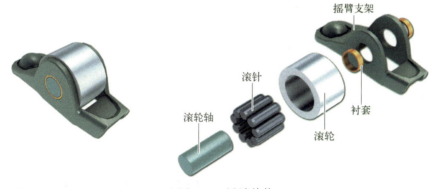

▲图3-8 摇臂结构

2）摇臂功用

摇臂的功用是通过将凸轮轴的旋转运动转变为摇臂的上下摆动,从而控制气门的开启。

4. 挺杆

挺杆的功用把凸轮传过来的作用力传递给推杆或气门,挺杆分为机械挺杆和液压挺杆。

（1）机械挺杆不能自动调整挺杆与凸轮的间隙,需要定期检查气门间隙。

（2）液压挺杆可以自动调整挺杆与凸轮的间隙,不需要检查气门间隙。

二、器材准备

名 称	图	用 途
科鲁兹1.6 L LDE发动机总成		用于发动机机械系统拆装

（续表）

名　称	图	用　途
常用工具（一套）		用于拆装一般连接螺栓
指针式扭力扳手 定扭矩扳手		用于拆装螺栓、紧固螺栓扭矩
雪佛兰科鲁兹 1.6 L LDE发动机 维修手册	2015款雪佛兰科鲁兹维修手册	用于查阅发动机拆装工艺和数据

任务实施

1. 拆卸凸轮轴

1）拆下4个凸轮轴轴承盖螺栓

（1）使用E10套筒、接杆、棘轮扳手如图松开螺栓。

（2）拆下第一凸轮轴轴承盖。

2）拆卸凸轮轴

◇ 拆卸前，标记凸轮轴轴承盖。

（1）以1/2至1转的增量从外到内螺旋式用E10套筒、短接杆、棘轮扳手松开8个排气凸轮轴轴承盖螺栓。

（2）拆下8个排气凸轮轴轴承盖螺栓。按顺序摆好。

（3）从缸盖拆下4个排气凸轮轴轴承盖。

(4) 用手取出排气凸轮轴。

(5) 以1/2转至1转的增量从外到内螺旋式用E10套筒、短接杆、棘轮扳手松松开8个进气凸轮轴轴承盖螺栓。

(6) 拆下8个进气凸轮轴轴承盖螺栓。

(7) 从缸盖拆下4个进气凸轮轴轴承盖。

(8) 用手取出进气凸轮轴。

 注意事项

◇ 取下凸轮轴时要小心,避免碰到气缸盖上的其他零件。

2. 安装凸轮轴

1) 安装凸轮轴

(1) 使用压缩空气清洁凸轮轴接触面。

(2) 安装进、排气凸轮轴。

2) 安装凸轮轴轴承盖

(1) 使用压缩空气清洁凸轮轴轴承盖。

(2) 依次安装4进气侧凸轮轴轴承盖,并确保凸轮轴轴承盖的标记和位置正确。

(3) 安装8个进气侧凸轮轴轴承盖螺栓,使用E10套筒、接杆、棘轮扳手按照如图并从内到外螺旋式安装,用定扭矩扳手紧固至8 N·m。

(4) 依次安装4排气侧凸轮轴轴承盖,并确保凸轮轴轴承盖的标记和位置正确。

(5) 安装8个排气侧凸轮轴轴承盖螺栓,使用E10套筒、接杆、棘轮扳手按照如图并从内到外螺旋式安装,用定扭矩扳手紧固至8 N·m。

(6) 铲刀、抹布、高压空气清洁第一凸轮轴轴承架和气缸盖的密封面,清除油管中的残余密封胶。

(7) 给第一凸轮轴轴承盖的密封面薄而均匀地涂上表面密封剂。

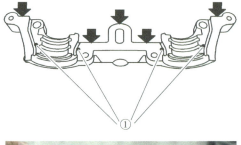

(8) 将第一凸轮轴轴承盖放置在气缸体上并用E10套筒、棘轮扳手按图示顺序将螺栓预紧至约2 N·m。

(9) 用E10套筒、定扭矩扳手按图示顺序将螺栓紧固至8 N·m。

3. 测量气门间隙

1) 将发动机曲轴旋转至1缸上止点位置

2) 调整气缸2的进气侧凸轮①和气缸3的排气侧凸轮②位于顶部且略微向内倾斜相同角度

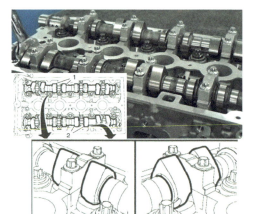

3) 使用塞尺①检查气门间隙是否为规定间隙
(1) 进气门0.21～0.29 mm(标称值0.25 mm)。
(2) 排气门0.27～0.35 mm(标称值0.30 mm)。

4) 将曲轴沿发动机旋转方向转动180°,使得成对凸轮①和②以一定角度指向上方

5) 使用塞尺检查气门间隙是否为规定间隙
(1) 进气门0.21～0.29 mm(标称值0.25 mm)。
(2) 排气门0.27～0.35 mm(标称值0.30 mm)。

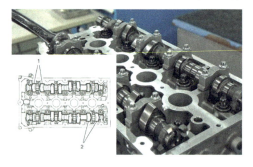

6）将曲轴沿发动机旋转方向转动180°，使得成对凸轮①和②以一定角度指向上方

7）使用塞尺检查气门间隙是否为规定间隙

(1) 进气门0.21～0.29 mm（标称值0.25 mm）。

(2) 排气门0.27～0.35 mm（标称值0.30 mm）。

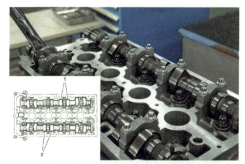

8）将曲轴沿发动机旋转方向转动180°，使得成对凸轮①和②以一定角度指向上方

9）使用塞尺检查气门间隙是否为规定间隙

(1) 进气门0.21～0.29 mm（标称值0.25 mm）。

(2) 排气门0.27～0.35 mm（标称值0.30 mm）。

4. 调整气门间隙

1）拆卸不符合间隙要求的凸轮轴①（参见拆卸凸轮轴）

2）用吸棒取出气门间隙不符合要求的挺杆

3）确定气门挺杆尺寸

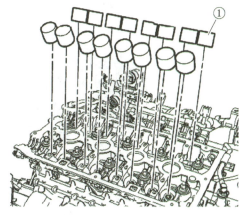

(1) 用千分尺测量实际挺杆厚度。

(2) 计算新挺杆厚度：

新挺杆厚度＝实测气门间隙值＋实测挺杆厚度－标准气门间隙值

(3) 根据新挺杆厚度值从配件代码表中选取符合要求的气门挺杆。参见"电子零件目录"。

4）安装新挺杆

5）安装凸轮轴

拓展学习

看一看

大众汽车EA888发动机凸轮轴的结构特点

大众汽车EA888发动机的凸轮轴壳体由铸铝制成,并与两根凸轮轴一起构成。气门升程系统是为了改善增压过程而开发的。2006年底,该系统首次应用在2005年款奥迪A6的2.8升V6 FSI发动机上。为了改善扭矩特性,沿用了第二代2.0升TFSI可变气门升程系统AVS(两级式气门升程切换)。排气凸轮轴上使用了凸轮轴调节装置。这样就能在控制增压过程时获得最大的自由度。通过AVS系统和排气凸轮轴调节装置可匹配全负荷和部分负荷范围内的不同增压需求。这样就实现了更快的扭矩建立。通过宽转速带中高达320 N·m的高扭矩,可以对变速箱传动比进行不同的匹配(降低转速)。这样可以减小耗油量,如图3-9所示。

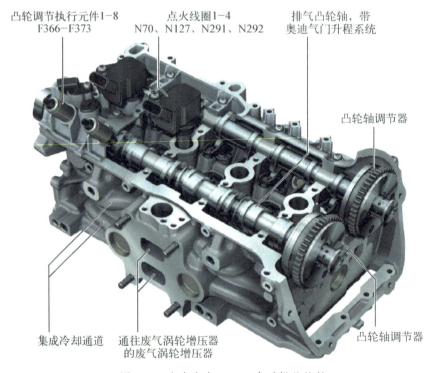

▲图3-9 大众汽车EA888发动机凸轮轴

试一试

大众汽车EA888发动机凸轮轴壳的拆装

运用已学习的知识和操作技能,尝试在参阅大众汽车维修手册之后,对大众汽车EA888发动机进行凸轮轴壳的拆装;在作业过程中认识凸轮轴结构以及与相关零部件的连接关系。

练习与检测

1. 判断题
（1）凸轮轴的功用是控制气门的开启和闭合动作。　　　　　　　　　　（　　）
（2）现在大多数量产车的发动机配备的是顶置式凸轮轴。　　　　　　　（　　）
（3）安装凸轮轴轴承盖时可不按顺序紧固螺栓。　　　　　　　　　　　（　　）

2. 单选题
（1）科鲁兹配气机构中凸轮轴布置形式为（　　　）。
　　　A. 凸轮轴上置式　　　B. 凸轮轴中置式　　　C. 凸轮轴后置式　　　D. 凸轮轴下置式
（2）下述各零件不属于气门传动组的是（　　　）。
　　　A. 气门弹簧　　　　　B. 挺杆　　　　　　　C. 摇臂轴　　　　　　D. 凸轮轴
（3）科鲁兹凸轮轴轴承盖的固定螺栓有几种规格？（　　　）
　　　A. 1种　　　　　　　B. 2种　　　　　　　C. 3钟　　　　　　　D. 4种

3. 思考题
尝试编制大众汽车EA888发动机凸轮轴拆装工艺步骤和要点。

模块三　气门组件拆装

学习目标

- 掌握气门组的结构和原理。
- 能使用工具按照规范拆卸气门。
- 能使用工具按照规范安装气门。
- 具有严谨的质量意识和安全意识。
- 具有良好的技术交流、团队合作和环境保护意识。

学习导入

发动机的气门组件是由凸轮轴驱动而使得气门的开启和关闭符合发动机的工作顺序、配气相位及气门开度的变化规律等要求的主要系统，其主要总成和零部件的技术状况将直接影响发动机的正常运行。

由于发动机运行过程中正时系统处于一直运作的状态并且随着发动机转动速度变化而变化承受发动机各种冲击和负荷，承受着高温和缺少润滑等的恶劣工作条件。一旦损坏或者磨损就无法保证发动机的正常运行，需要对其进行拆装检修，恢复其正常的工作状态。

通过参考相关车辆的保养手册，使用专用工具和通用工具对发动机气门组件进行拆装检修，并对客户提出车辆使用注意事项和建议。

任务　气门组件拆装

任务描述

有一辆雪佛兰科鲁兹汽车由于发动机进水熄火，其1.6 L LDE发动机需要进行大修。在检查配气机构时发现气门运动存在卡滞现象，还需要拆检气门组做进一步检测。现请你根据发动机维修资料，使用专用、通用工具对发动机气门组进行拆装；并在气门组拆装作业过程中，认识气门组结构特点以及相互之间关系，掌握其功用和原理。

任务准备

一、知识准备

1. 气门组

气门组主要由气门、气门导管、气门油封、气门弹簧、弹簧座、气门锁片组成。气门组件应保证气门与座在活塞压缩、做功行程中实现气缸的密封,如图3-10所示。

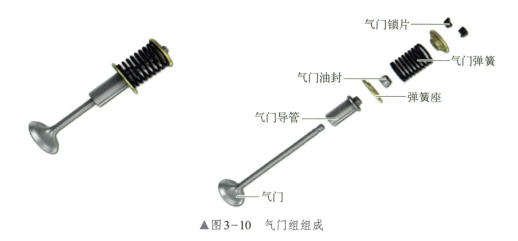

▲图3-10 气门组组成

2. 气门

1) 气门结构

气门由头部、杆部和锁止部分组成,包括气门头部、气门杆、锁片环槽等。气门密封锥面的锥角,称为气门锥角,一般为45°或30°。气门边缘应保持一定的厚度,一般为1～3 mm。气门杆为圆柱形,在气门导管中不断进行往复运动,如图3-11所示。

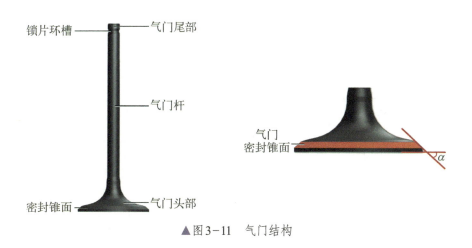

▲图3-11 气门结构

2) 气门功用

气门是燃烧室的组成部分,在活塞压缩、做功过程中密封气缸。同时,气门在进、排气行程中打开或关闭进排气道,如图3-12所示。

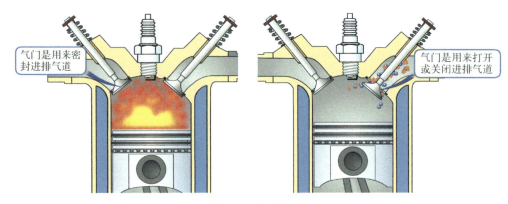

▲图3-12 气门的功用

3. 气门导管

气门导管的功用是为气门的运动导向,保证气门做直线往复运动。同时,气门还为气门杆散热,如图3-13、图3-14所示。

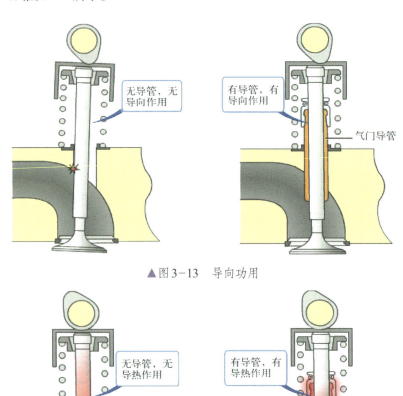

▲图3-13 导向功用

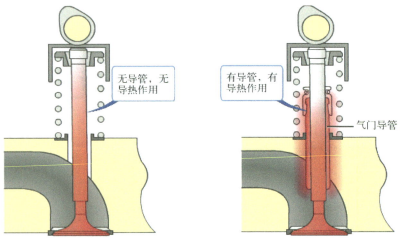

▲图3-14 散热功用

4. 气门弹簧

气门弹簧的功用是使气门及时关闭,并保证气门与气门座紧密贴合,防止气门发生跳动,如图3-15所示。

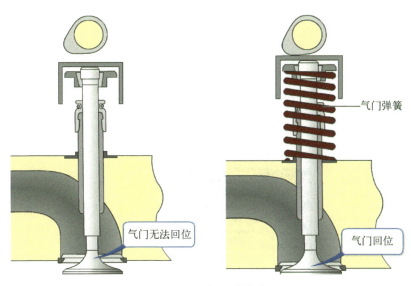

▲图3-15　气门弹簧功用

5. 气门锁片

气门锁片的功用是使气门与气门弹簧座紧密贴合,防止气门在运动过程中脱落,如图3-16所示。

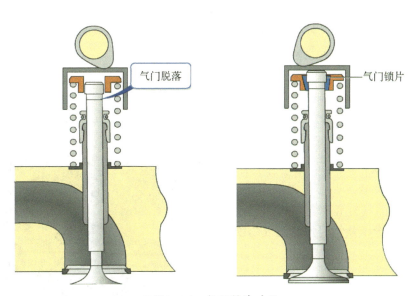

▲图3-16　气门锁片功用

二、器材准备

名称	图	用途
科鲁兹1.6 L LDE 发动机总成		用于发动机机械系统拆装
常用工具(一套)		用于拆装一般连接螺栓
EN-6086 MKM-6086 基本套件,弹簧和楔块更换工具		用于拆卸和安装气门弹簧及锁片
雪佛兰科鲁兹1.6 L LDE发动机维修手册	2015款雪佛兰科鲁兹维修手册	用于查阅发动机拆装工艺和数据

任务实施

1. 拆卸气门组

1) 拆卸气缸盖
2) 拆卸气门弹簧

(1) 将拆下的气缸盖平放在垫木上,使用气门拆装钳逐步压紧气门弹簧使气门锁片露出。

（2）使用磁力吸棒依次取出每个气门中的两个气门锁片。

（3）拆卸气门拆装钳，并依次取下气门弹簧座和气门弹簧。

3）拆卸气门

将气缸盖侧立放置在垫木上，取下进排气门。

4）拆卸气门油封

将气缸盖平放在垫木上，选择油封拆卸专用尖嘴钳拆下气门油封。

2. 安装气门组

1）安装气门油封

（1）使用压缩空气清洁新的气门油封。

（2）在新的气门油封上涂抹一薄层发动机机油。

（3）使用导管将气门油封压紧在各气门导管上。

2）安装气门

（1）将气缸盖侧立在垫木上，使用压缩空气清洁表面及气门导管。

（2）依次在进、排气门的气门杆端处涂抹一薄层发动机机油，并按顺序装入。

3）安装气门弹簧

（1）将气缸盖平放在垫木上，依次安装气门弹簧及弹簧座。

（2）用气门拆装钳压紧气门弹簧，使气门端部环槽露出。

（3）安装气门锁片，缓慢松开气门拆装钳使两个气门锁片可靠落座。取下气门拆装钳。

（4）使用塑料锤轻敲气门杆顶部，以确保气门锁片、气门弹簧等安装到位。

拓展学习

看一看

大众汽车EA888发动机气门的结构特点

大众汽车EA888发动机的四气门缸盖用铝合金浇铸而成，进气门和排气门都由滚子凸轮随动件驱动，由液压气门挺杆支撑并且由凸轮轴驱动，凸轮轴由正时链条驱动，如图3-17所示。

试一试

大众汽车EA888发动机气门的拆装

运用已学习的知识和操作技能，尝试在参阅大众汽车维修手册之后，对大众汽车EA888发动机进行气门组件的拆装；在作业过程中认识气门组结构以及与相关零部件的连接关系。

1—排气门
2—气缸盖
3—气门导管
4—气门杆密封圈
5—气门弹簧
6—气门弹簧座
7—气门锁片
8—液压气门间隙补偿元件
9—排气凸轮轴
10—气缸盖罩
11—螺栓
12—O形圈
13—密封塞
14—进气凸轮轴
15—密封盖
16—进气门

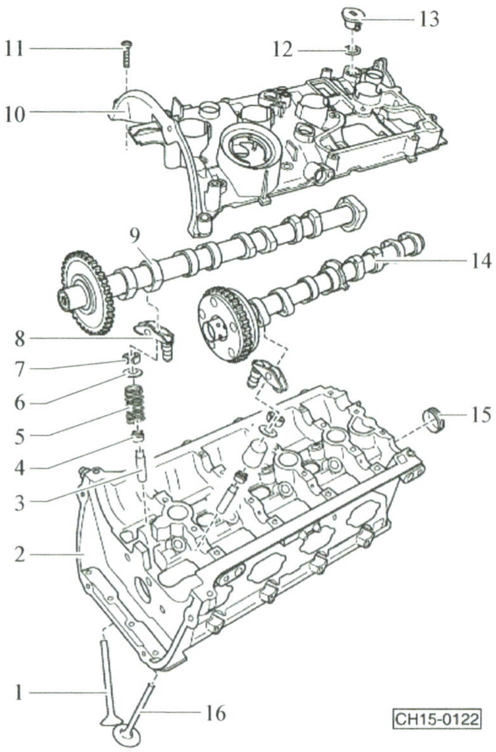

▲图3-17 大众汽车EA888发动机气门组

练习与检测

1. 判断题

（1）气门锁片的功用是使气门与气门弹簧座紧密贴合。（   ）

（2）气门弹簧的功用是使气门及时关闭，并保证气门与气门座紧密贴合，防止气门发生跳动。（   ）

（3）气门由头部、杆部和锁止部分组成，包括气门头部、气门杆、锁片环槽等。（   ）

2. 单选题

（1）关于气门间隙的说法中，正确的是：(   )
    A. 气门间隙指的是气门与气门座之间的间隙
    B. 排气门间隙一般比进气门间隙大
    C. 测量气门间隙用到的工具是百分表
    D. 气门座严重磨损会使气门间隙变大

（2）以下气门弹簧中，不是通过改变气门弹簧频率来消除共振的是：(   )
    A. 双气门弹簧　　B. 变螺距气门弹簧　　C. 锥形气门弹簧　　D. 等距气门弹簧

（3）以下属于气门组部件的除了：(   )
    A. 气门导管　　B. 气门弹簧　　C. 气门油封　　D. 气门间隙

3. 思考题

尝试编制大众汽车EA888发动机气门组拆装工艺步骤和要点。

项目四 冷却系统拆装

项目导学

发动机过热或过冷都会导致发动机功率下降,油耗增加,排放超标等现象。要使发动机恢复良好性能,需要对发动机冷却系统机件进行分解、检查、更换、组装等修复过程。

冷却系统机件可以维持发动机正常工作温度,防止发动机过热,本项目学习要求是通过冷却系统的拆装作业,认识以及理解其主要机件的结构和原理。

本项目的主要任务如图4-1所示。

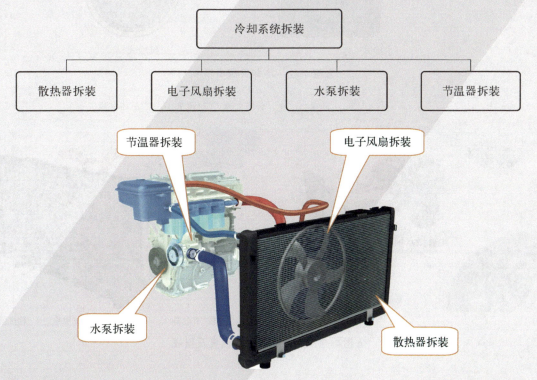

▲图4-1 冷却系统拆装任务示意图

1. 冷却系统类型

发动机的冷却系统有水冷式和风冷式,如图4-2所示。水冷系统以冷却液为冷却介质;风冷系统以空气为冷却介质。

2. 冷却系统组成

发动机冷却系统有水冷和风冷之分,汽车发动机上多采用水冷却系统。水冷却系统以水为冷却介质,它主要由散热器、水泵、节温器、电子风扇、补偿水桶、发动机机体和气缸盖中的水套以及其他附属装置等组成,如图4-3所示。

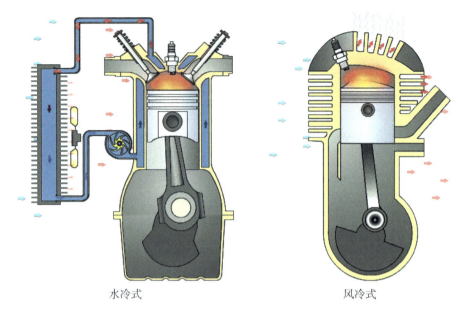

▲图4-2 冷却系统类型

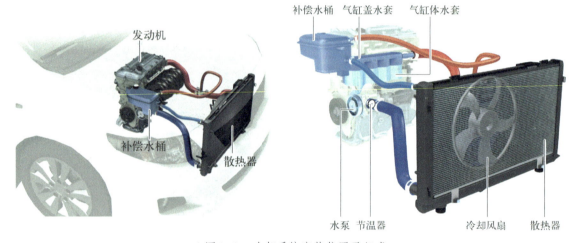

▲图4-3 冷却系统安装位置及组成

3. 冷却系统功用

冷却系统的功用是使发动机在所有工况下都保持在适当的温度范围内。同时,还要保证发动机在冷态下起动后能迅速升温,尽快达到正常的工作温度。

4. 水冷却系统循环路径

汽车发动机冷却系统为强制循环水冷系统,即利用水泵提高冷却液的压力,强制冷却液在发动机中循环流动。冷却液的循环路径受节温器的控制,根据发动机工作温度由低到高的变化,冷却液的循环路径分为:小循环、混合循环、大循环,如图4-4、图4-5、图4-6所示。

小循环路径：

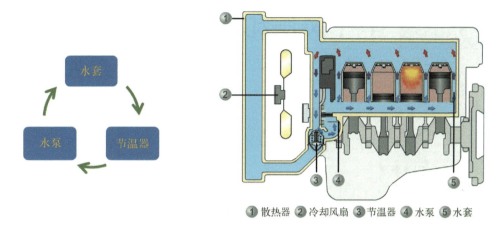

▲图4-4 冷却系统小循环示意图

混合循环路径：

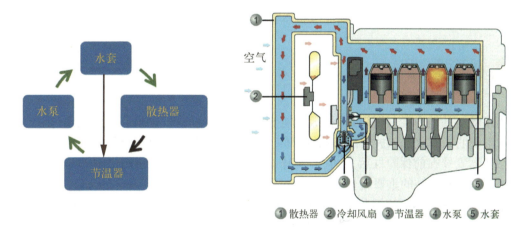

▲图4-5 冷却系统混合循环示意图

大循环路径：

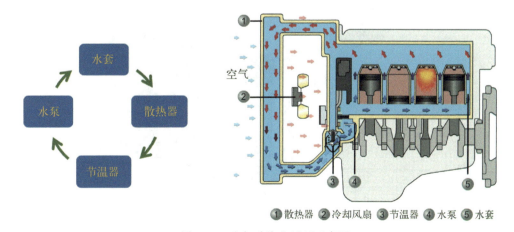

▲图4-6 冷却系统大循环示意图

模块一　电子风扇和散热器拆装

学习目标

- 掌握电子风扇、散热器和补偿水桶的结构和原理。
- 能识别电子风扇、散热器和补偿水桶各部件结构。
- 能按工艺规程对电子风扇和散热器进行拆装。
- 具有严谨的电子风扇和散热器拆装质量意识和安全意识。
- 具有良好的技术交流、团队合作和环境保护意识。

学习导入

当发动机的动力性、经济性或排放性能变差,并且伴随有发动机有过热现象,则应注意检查冷却系统的工作状况。拆解冷却系统部件,对电子风扇和散热器进行检修或更换。

散热器安装在前保险杠后方,电子风扇通常安装在散热器后方用于加速冷却液的冷却,是发动机实现正常运转的重要机件,如图4-7所示。

电子风扇和散热器的拆装作业是对发动机冷却系统进行检修的前期作业;同时也能清晰地认识以及理解电子风扇和散热器的结构和原理。

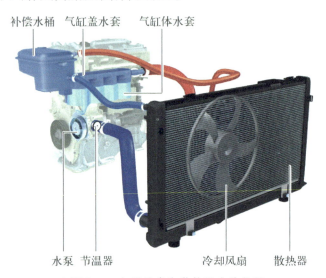

▲图4-7　电子风扇和散热器安装位置

任务　电子风扇和散热器拆装

任务描述

有一辆雪佛兰科鲁兹汽车的用户反映,其仪表板上发动机冷却水温度显示在红色区域。经维修人员检查后初步判断,该发动机过热,需要拆检电子风扇和散热器进一步检测。现请你根据发动机维修资料,使用专用、通用工具对发动机电子风扇和散热器进行拆装;并在电子风扇和散热器拆装作业过程中,认识电子风扇和散热器基本结构以及与相连机件的相互之间关系,掌握其功用和原理。

任务准备

一、知识准备

1. 电子风扇

1) 电子风扇结构

现代汽车已广泛使用电子风扇,电子风扇通常安装在发动机舱内的散热器后方,如图4-8所示。它由电动机、风扇叶片、导风罩等组成。风扇的扇风量主要与风扇直径、转速、叶片形状、叶片安装角度及叶片数有关。

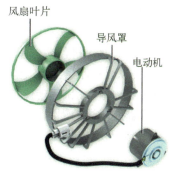

▲图4-8　电子风扇安装位置及结构

2) 电子风扇功用

电子风扇通过散热器吸入空气,增加流过散热器芯的空气量,增强散热器的散热能力。在装有空调(A/C)的车辆上,随着风扇叶片的旋转,可增加通过散热器芯和冷凝器的空气流量,从而有助于提高车辆急速或低速行驶时的冷却速度。

3) 电子风扇电机结构

电子风扇电动机安装在电子风扇上,它由定子和转子两大部分组成。定子由机座、主磁极、换向极、端盖、轴承和电刷装置等组成,如图4-9所示。

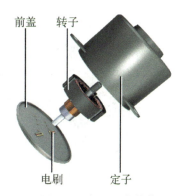

▲图4-9　电子风扇结构

4)电子风扇电机功用

电子风扇电机能实现直流电能(由蓄电池提供)转换为风扇叶片转动的机械能,如图4-10所示。

5)电子风扇电机工作原理

当电子风扇IC(集成电路调节器)通过电刷在线圈中形成电流流动,产生电磁力,线圈在电磁力作用下产生旋转运动,实现了将电能转换为机械能,如图4-11所示。

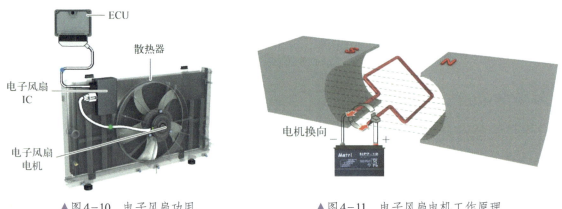

▲图4-10 电子风扇功用　　　　　　▲图4-11 电子风扇电机工作原理

2. 散热器

1)散热器结构

散热器安装在保险杠后方,它主要由左储水室、右储水室、放水螺塞、散热器片、散热器芯等组成,如图4-12所示。通用科鲁兹轿车采用管片式横流设计,从进水室延伸到出水室。散热片围绕管子外侧放置,以改善热量至大气的传导。进水室和出水室用耐高温、尼龙增强塑料材料模制而成。水室的法兰边缘至铝制散热器芯用耐高温的橡胶衬垫密封。水室用锁耳夹紧在散热器芯上。锁耳与散热器芯两端的铝制顶盖为一体。散热器还有一个放水阀,位于左侧水室的底部。放水阀单元由放水阀和放水阀密封圈组成。散热器将流经散热器的冷却液散热。散热器芯上的散热片,散发流经管子的冷却液的热量。当空气在散热片间通过时,吸收热量并冷却冷却液。

2)散热器功用

散热器通过增大散热面积将冷却液的热量由空气带走,加速冷却。

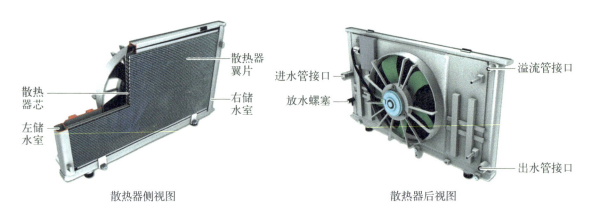

▲图4-12 散热器结构

3）散热器类型

根据散热器中冷却液的流动方向，可将散热器分为横流式散热器和纵流式散热器，如图4-13所示。横流式散热器芯横向布置，左右两端分别为进、出水室；纵流式散热器芯竖直布置，上接进水室，下接出水室。大多数轿车均采用横流式散热器，可使发动机机罩的外轮廓较低，有利于改善车身前端的空气动力性。

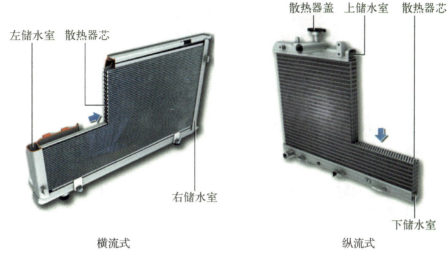

▲图4-13 散热器类型

4）散热器芯结构形式

散热器芯有两种结构形式：管带式散热器芯和管片式散热器芯，如图4-14所示。管带式散热器由散热管和波形散热带组成，散热能力强，质量轻，成本低；管片式散热器由散热管和散热片组成，管片式的散热面积大，气流阻力小。

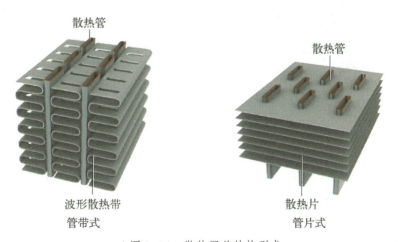

▲图4-14 散热器芯结构形式

5）散热器工作原理

冷却液在散热器芯内流动，空气从散热器芯外通过。热的冷却液由于向空气散热而变冷，冷空气则因为吸收冷却液散出的热量而升温。散热器通过加大冷却液与空气的接触面积，利

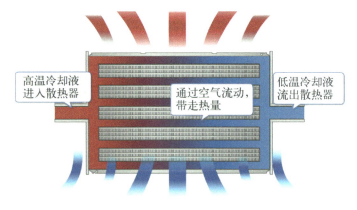

▲图4-15 散热器工作原理

用空气流动降低冷却液热量,达到散热效果,如图4-15所示。

3. 补偿水桶

1) 补偿水桶结构

补偿水桶又名膨胀水箱,多用塑料制造并用软管与溢流管和补偿管相连接。它主要由补偿水桶盖、溢流管接口、补偿管接口、壳体等组成。在补偿水桶的外表面上刻有两条标记线:"低"线和"高"线,补偿水桶内冷却液面应位于两条标记线之间,如图4-16所示。

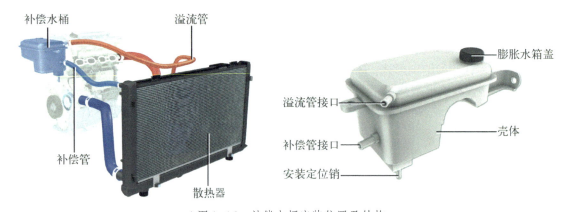

▲图4-16 补偿水桶安装位置及结构

2) 补偿水桶功用

补偿水桶有溢流和补偿的作用。溢流即当冷却液受热膨胀时,部分冷却液通过溢流管从散热器中流入补偿水桶;补偿即当冷却液降温后,散热器内冷却液体积变小,补偿水桶内冷却液经补偿管被吸回散热器。补偿水桶还可消除水冷系统中的所有气泡,如图4-17所示。

4. 散热器盖

散热器盖严密地盖在散热器加注口上。发动机工作时,冷却液温度逐渐升高,容积膨胀使冷却系统内的压力增大。当压力超过预定值时,散热器盖压力阀开启,部分冷却液流入补偿水桶。

发动机停机后,冷却液温度下降,水冷却系统内压力随之减小。当压力降到大气压力以下出现真空时,真空阀开启,部分冷却液被吸回散热器,如图4-18所示。

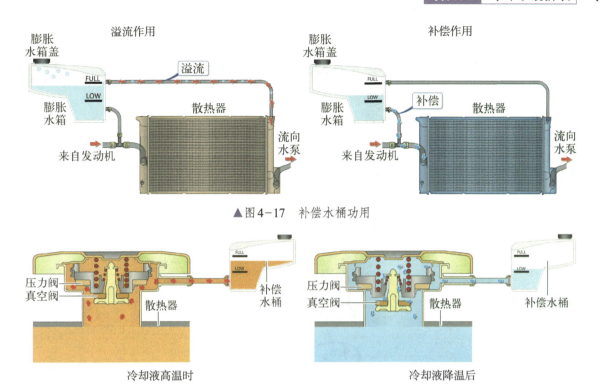

▲图4-17 补偿水桶功用

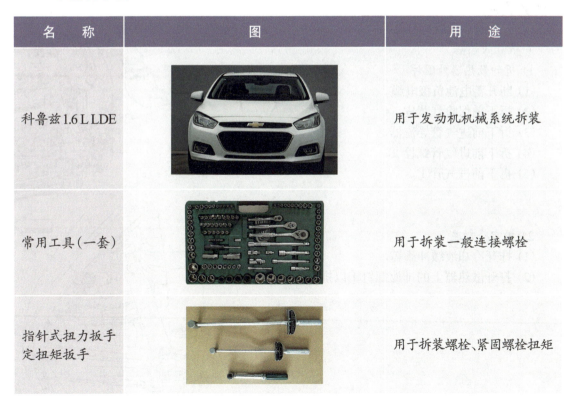

▲图4-18 热器盖工作原理

二、器材准备

名　称	图	用　途
科鲁兹1.6 L LDE		用于发动机机械系统拆装
常用工具(一套)		用于拆装一般连接螺栓
指针式扭力扳手 定扭矩扳手		用于拆装螺栓、紧固螺栓扭矩

（续表）

名　称	图	用　途
磁棒、铲刀等		用于拆卸零部件和清洁表面
水管夹		用于拆装水管卡箍
雪佛兰科鲁兹1.6 L LDE发动机维修手册	2015款雪佛兰科鲁兹维修手册	用于查阅发动机拆装工艺和数据

任务实施

1. 拆卸散热器

1）拆卸散热器外围件

（1）断开蓄电池负极电缆。

（2）拆下前保险杠蒙皮。

（3）拆下前进气管导流器。

（4）拆下前进气管螺栓②。

（5）拆下前进气管①。

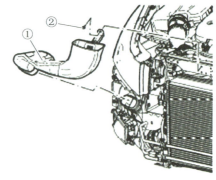

2）排空冷却液

（1）拧开冷却液缓冲罐盖。

（2）打开散热器上的排放螺钉①以排放冷却系统。

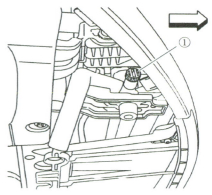

(3)拆下散热器格栅加强件固定框。
(4)断开空调压力传感器线束①并松开卡夹。

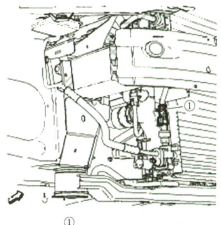

(5)从增压空气冷却器①上拆下2块护板②。

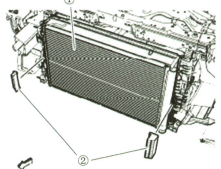

(6)将散热器出口软管和进口软管从散热器上断开。
(7)将变速器油冷却器进口管、出口管从散热器上拆下。
(8)将发动机冷却风扇护罩从散热器上松开。
(9)拆下2个散热器上托架螺栓①和2个散热器上托架②。

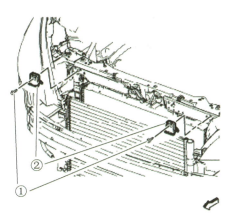

(10)从2个下托架②上拆下散热器①。

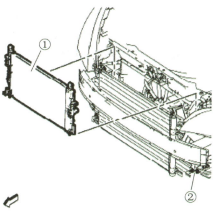

注意事项

◇ 小心使用并旋转散热器以获取更大的拆卸空间。
◇ 小心使用并提升散热器远离车辆。

2. 安装散热器

(1) 将散热器①安装到2个下托架②上。

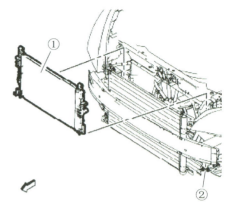

(2) 安装2个散热器上托架②。
(3) 安装2个散热器上托架螺栓①并紧固至22 N·m。
(4) 将发动机冷却风扇护罩卡入散热器。

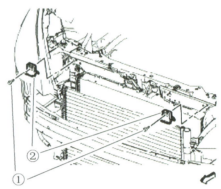

(5) 将散热器出口软管和进口软管连接至散热器。
(6) 将变速器油冷却器进口管、出口管安装至散热器。

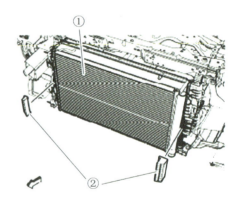

(7) 将2块护板②安装至增压空气冷却器①。
(8) 连接并卡紧空调压力传感器线束①。
(9) 安装散热器格栅加强件固定框。

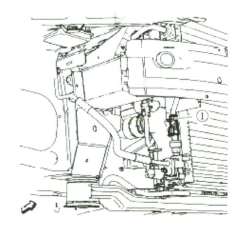

(10）安装散热器外围件

① 安装前进气管①。
② 安装前进气管螺栓②。
③ 安装前进气管导流器。
④ 安装前保险杠蒙皮。
⑤ 连接蓄电池负极电缆。
⑥ 加注冷却液。

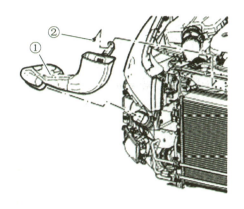

3. 拆卸电子风扇护罩

（1）断开蓄电池负极电缆。
（2）举升和顶起车辆。
（3）排空冷却系统。
（4）从散热器上拆下出口软管和进口软管。
（5）断开发动机电子风扇电阻线束插头①并拆下搭铁电缆螺母。
（6）拆下线束②,切断4个卡夹。

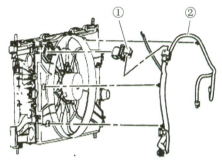

> **注意事项**
> ◇ 站在行驶方向的反方向进行拆卸。

（7）根据图示的四个安装点,松开发动机电子风扇护罩①。
（8）拆下发动机电子风扇护罩。

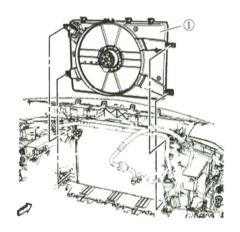

> **注意事项**
> ◇ 将发动机电子风扇推向右侧并将其提升。

（9）通过松开固定卡夹②,拆下发动机电子风扇电阻①。
（10）将发动机电子风扇从发动机电子风扇电阻器线束（箭头处）上松开。
（11）将3个发动机电子风扇电机螺栓③从发动机电子风扇上拆下。

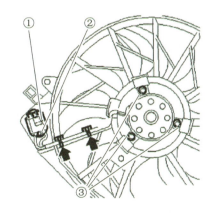

4. 安装电子风扇护罩

（1）安装发动机电子风扇。

（2）将3个发动机电子风扇电机螺栓③安装至发动机电子风扇，并紧固至4 N·m。

（3）夹紧发动机电子风扇至发动机电子风扇电阻器线束（箭头处）。

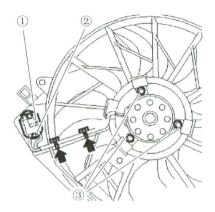

（4）通过夹紧固定卡夹②，安装发动机电子风扇电阻①。

（5）安装发动机电子风扇护罩①。

（6）根据图示的四个安装点，夹紧发动机电子风扇护罩①。

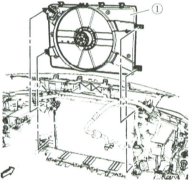

（7）连接发动机电子风扇电阻线束插头①。

（8）安装线束③，安装4个新卡夹。

（9）安装搭铁电缆和搭铁电缆螺母，并紧固至10 N·m。

（10）将散热器进口软管和出口软管安装到散热器上。

（11）加满冷却系统冷却液。

（12）连接蓄电池负极电缆。

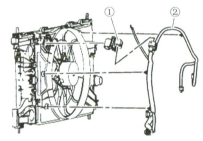

拓展学习

看一看

大众汽车EA888系列发动机冷却系统特点

大众EA888发动机采用缸体横流冷却的冷却方式，如图4-19所示。大部分冷却水横穿缸体，然后进入缸盖进行冷却。机油冷却器由一路冷却水专门冷却，确保机油温度处于合适的范围。水泵由进气侧的平衡轴通过皮带驱动装置来驱动。电子水泵根据发动机控制单元内部的特性曲线图，在发动机熄火后电子水泵工作0～10分钟，以充分冷却增压器，防止过热，延长增压器的寿命。

试一试

大众汽车EA888系列发动机电子风扇和散热器的拆装

运用已学习的知识和操作技能，尝试在参阅大众汽车维修手册之后，对大众汽车EA888发

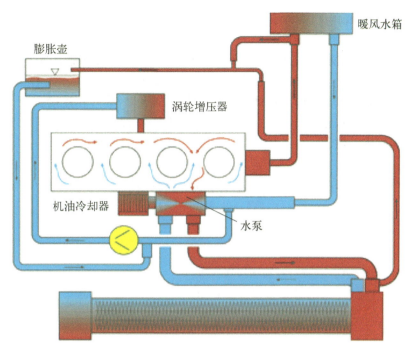

▲图4-19 大众汽车EA888发动机冷却系组成示意图

动机进行电子风扇和散热器拆装；在作业过程中认识电子风扇和散热器的结构以及与相关零部件的连接关系。

练习与检测

1. 判断题
（1）冷却系统是使发动机在高转速大负荷工况下都保持在适当的温度范围。（ ）
（2）电子风扇电机运行时，将机械能转换为电能。（ ）
（3）电子风扇电机安装在电子风扇上结构应由定子和转子两大部分组成。（ ）
（4）定子由机座、换向极、端盖、轴承和电刷装置等组成。（ ）
（5）散热器是将冷却液所含的热量通过流动的空气进行散发，使冷却液迅速得到冷却，以保证发动机的水温正常。（ ）
（6）补偿水桶的主要由膨胀水箱盖、溢流管接口、补偿管接口、壳体等组成。（ ）
（7）补偿水桶的功用是溢流和补偿。（ ）
（8）散热器安装在保险杠前方，由左储水室、放水螺塞、散热器片、散热器芯等组成。（ ）

2. 单选题
（1）冷却系统主要由水泵、冷却风扇、节温器、膨胀水箱、发动机机体、气缸盖中的水套、其他附属装置以及（   ）。
   A. 散热器　　　　B. 蒸发器　　　　C. 冷凝器　　　　D. 机油滤清器
（2）电子风扇电机运行时，将什么能转换为机械能？（   ）
   A. 电能　　　　　B. 风能　　　　　C. 水能　　　　　D. 动能

(3) 发动机电子风扇电机螺栓安装至发动机电子风扇上所需的扭矩是:(　　)。
　　A. 7 N·m　　　　　　B. 10 N·m　　　　　C. 15 N·m　　　　　D. 4 N·m
(4) 散热器是由左储水室、右储水室、放水螺塞、散热器芯及以下哪个部件构成?(　　)
　　A. 散热器片　　　　B. 出水管　　　　　C. 进水管　　　　　D. 散热器盖
(5) 补偿水桶又名膨胀水箱,多用塑料制造并用软管与(　　)相连接。
　　A. 进水管和出水管　　　　　　　　　　B. 溢流管和补偿管
　　C. 膨胀管和补偿管　　　　　　　　　　D. 进油管和出油管

3. 思考题
尝试编制大众汽车EA888发动机电子风扇和散热器拆装工艺步骤和要点。

模块二　水泵和节温器拆装

学习目标

- 掌握水泵和节温器结构和原理。
- 能识别水泵和节温器结构。
- 能按工艺规程对水泵和节温器进行拆装。
- 具有严谨的水泵和节温器拆装质量意识和安全意识。
- 具有良好的技术交流、团队合作和环境保护意识。

学习导入

当发动机的动力性、经济性或排放性能变差,并且伴随有发动机有过热现象,则应注意检查冷却系统的工作状况。拆解冷却系统部件,水泵和节温器进行检修或更换。

水泵一般安装在发电机下部。节温器有两种常见布置形式,第一种布置在发动机出水管路中;第二种布置在散热器的出水管路中。两者是发动机实现正常运转的重要机件,如图4-20所示。

水泵和节温器的拆装作业是对发动机冷却系统进行检修的前期作业;同时也能清晰地认识以及理解水泵和节温器的结构和原理。

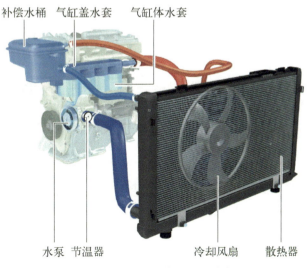

▲图4-20　水泵和节温器安装位置

任务 水泵和节温器拆装

任务描述

有一辆雪佛兰科鲁兹汽车的用户反映,其油耗上升、功率下降。经维修人员检查后初步判断,该发动机过热,需要拆检水泵和节温器进一步检测。现请你根据发动机维修资料,使用专用、通用工具对发动机水泵和节温器进行拆装;并在水泵和节温器拆装作业过程中,认识水泵和节温器基本结构以及与相连机件的相互之间关系,掌握其功用和原理。

任务准备

一、知识准备

1. 离心式水泵

1)离心式水泵结构

汽车发动机多采用离心式水泵,并安装在发电机下部。离心式水泵主要由水泵皮带轮、水泵轴、水泵轴承、水泵盖、密封组件、水泵叶轮等部件组成的,如图4-21所示。

水泵一般由曲轴通过V带或带肋的V带传动;水泵壳体上铸有进、出水管,进水管与散热器出水管相连,出水管与水套相连。水泵叶轮上有6~8个径向直叶片或后弯叶片。

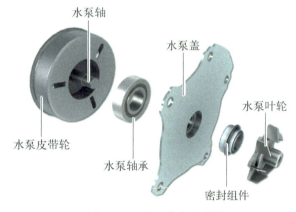
▲图4-21 离心式水泵结构

2)离心式水泵功用

离心式水泵对冷却液加压,将冷却液强制循环起来。

3)离心式水泵工作原理

水泵叶轮旋转时,冷却液在离心力作用下被甩向叶轮边缘,叶轮边缘压力升高,冷却液被压送至出水管;同时在叶轮中心处压力降低,冷却液被从进水管吸入叶轮中心,如图4-22所示。

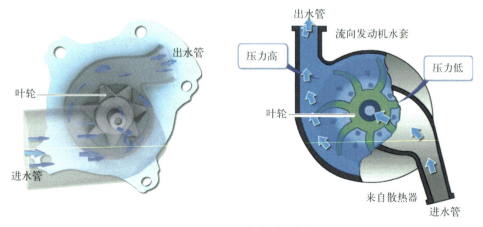
▲图4-22 离心式水泵工作原理

2. 蜡式节温器

1) 蜡式节温器结构

节温器通常为蜡式节温器,蜡式节温器主要由主阀门、副阀门、蜡管、推杆、支架、外壳、弹簧等组成,如图4-23所示。

节温器有两种常见布置形式,第一种布置在发动机出水管路中;第二种布置在散热器的出水管路中。

2) 蜡式节温器功用

随发动机水温的大小,自动控制冷却液通往散热器的流量和大、小循环路线。

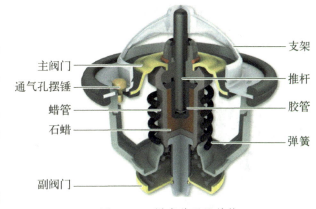

▲图4-23 蜡式节温器结构

3) 蜡式节温器工作原理

节温器是控制冷却液流动路径的阀门。它根据冷却液温度的高低,打开或关闭冷却液通向散热器的通道。以科鲁兹轿车为例,蜡式节温器特性为:

(1) 当冷却液温度低于90℃时,节温器主阀门关闭,副阀门开启,冷却液进行小循环,如图4-24所示。

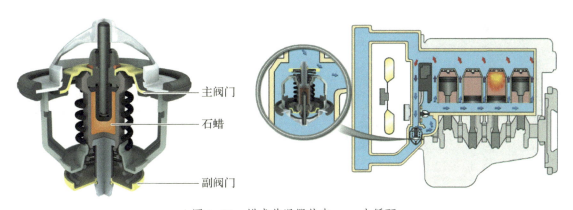

▲图4-24 蜡式节温器状态——小循环

(2) 当冷却液的温度处于90～105℃之间时,石蜡受热膨胀使主阀门部分开启,副阀门部分关闭,冷却液进行混合循环,如图4-25所示。

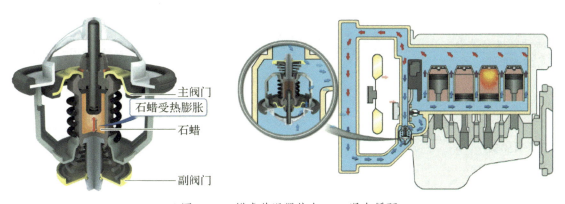

▲图4-25 蜡式节温器状态——混合循环

（3）当冷却液温度达到105℃以上时，石蜡膨胀量增大，主阀门全开，副阀门全关，冷却液进行大循环，如图4-26所示。

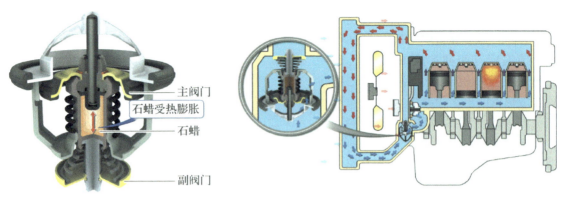

▲图4-26 蜡式节温器状态——大循环

二、器材准备

名　　称	图	用　　途
科鲁兹1.6 L LDE 发动机总成		用于发动机机械系统拆装
常用工具（一套）		用于拆装一般连接螺栓
指针式扭力扳手 定扭矩扳手		用于拆装螺栓、紧固螺栓扭矩
EN-45059 角度测量仪	EN-45059 J-45059 角度测量仪	用于塑性紧固螺栓定角度拧动

项目四　冷却系统拆装　131

（续表）

名　　称	图	用　　途
雪佛兰科鲁兹1.6 L LDE发动机维修手册	2015款雪佛兰科鲁兹维修手册	用于查阅发动机拆装工艺和数据

任务实施

1. 拆卸水泵

（1）固定水泵皮带轮，用T45套筒、接杆和棘轮扳手交替松开3个水泵皮带轮螺栓。

（2）拆下3个水泵皮带轮螺栓和水泵皮带轮。

（3）用E10套筒、接杆和棘轮扳手拆下5个水泵螺栓。

（4）用手拆下水泵和水泵密封件。

2. 安装水泵

（1）将一个新水泵衬垫的凸出部分与水泵上的切口对齐,并将衬垫安装到水泵的凹槽中。

（2）清洁密封面和冷却液泵螺纹孔。

（3）用5个固定螺栓将冷却液泵暂时进行安装。

（4）用E10套筒、接杆和定扭矩扳手安装5个新的螺栓,并紧固至8 N·m。

（5）水泵皮带轮的安装。

◇ 抵住曲轴扭转减振器。
◇ 对此程序，必须已经安装上了皮带。

① 将水泵皮带轮安装到水泵中。
② 用T45套筒、接杆和定扭矩扳手安装3个带锁止的水泵皮带轮螺栓并紧固至20 N·m。

3. 拆卸节温器

（1）使用水管夹松开散热器进口软管卡箍②。
（2）将散热器进口软管③从发动机冷却液节温器①上拆下。

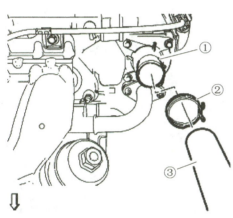

（3）用E10套筒、接杆和棘轮扳手拆下4个发动机冷却液节温器螺栓。
（4）拆下发动机节温器总成。

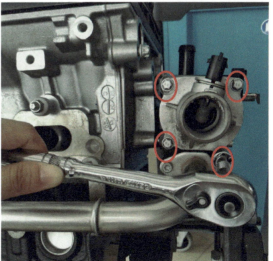

(5) 拆下发动机冷却液密封件。

4. 安装节温器

(1) 清洁密封面。
(2) 安装发动机冷却液密封件。

(3) 安装发动机冷却液节温器总成。
(4) 用E10套筒、接杆和定扭矩扳手安装4个发动机冷却液节温器螺栓,紧固至8 N·m。

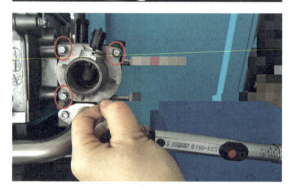

(5) 用散热器进口软管卡箍②将散热器进口软管③安装至发动机冷却液节温器①。

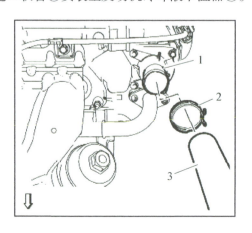

拓展学习

看一看

大众汽车EA888系列发动机水泵结构特点

大众汽车EA888发动机水泵、温度传感器和冷却液节温器被集成在一个由硬质塑料制成的公共壳体内。此壳体被安装在进气歧管下面进气侧的发动机缸体上,如图4-27所示。

水泵由平衡轴驱动,此时转速被降低,平衡轴末端的驱动齿轮通过齿形皮带驱动水泵。泵上的较大齿轮起着减速器的作用。一个转子被安装在冷却液泵驱动齿轮上,它起着冷却皮带驱动装置的作用。水泵的叶轮由塑料制成并且特殊的叶片形状使得它能够在发动机高转速时不容易形成气穴现象。

冷却液节温器在87℃时打开,当温度达到102℃时,它的最大行程为7 mm。

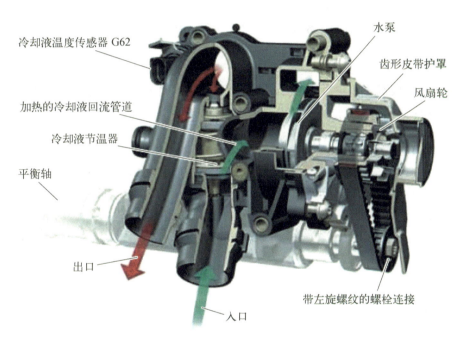

▲图4-27　大众汽车EA888发动机水泵示意图

试一试

大众汽车EA888系列发动机水泵和节温器的拆装

运用已学习的知识和操作技能,尝试在参阅大众汽车维修手册之后,对大众汽车EA888发动机进行水泵和节温器的拆装;在作业过程中认识水泵和节温器的结构以及与相关零部件的连接关系。

练习与检测

1. 判断题

(1) 水泵的作用是对冷却液减压,使冷却液在冷却系统中强制循环流动。（　）
(2) 水泵密封圈拆下后还可以继续使用。（　）
(3) 水泵是由水泵皮带轮、水泵轴、水泵轴承、水泵盖、密封组件、水泵叶轮等部件组成的。（　）
(4) 节温器能根据发动机冷却液温度变化自动地控制冷却液流量,使发动机在正常的温度范围内工作,目前汽车上广泛采用蜡式节温器。（　）
(5) 节温器是控制冷却液流动路径的阀门。它根据冷却液速度的高低,打开或关闭冷却液通向散热器的通道。（　）
(6) 蜡式节温器主要由主阀门、副阀门、蜡管、支架、外壳、弹簧等组成。（　）

2. 单选题

(1) 水泵螺栓的紧固扭矩是:(　　)。
　　A. 5 N·m　　　　B. 8 N·m　　　　C. 15 N·m　　　　D. 20 N·m
(2) 水泵对冷却液采取什么措施使冷却液在冷却系统中强制循环流动?(　　)
　　A. 加压　　　　B. 减压　　　　C. 增速　　　　D. 减速
(3) 冷却液温度高于多少摄氏度时,主阀门全开,副阀门全关,冷却液进行大循环?(　　)
　　A. 84℃　　　　B. 88℃　　　　C. 95℃　　　　D. 105℃
(4) 温度在几度之间时,石蜡膨胀推动主阀门部分开启,副阀门部分关闭,冷却液进行混合循环?(　　)
　　A. 80～105℃　　B. 85～105℃　　C. 90～105℃　　D. 75～105℃
(5) 水泵是由水泵皮带轮、水泵轴、水泵轴承、水泵盖、水泵叶轮和(　　)组成。
　　A. 垫片　　　　B. 垫圈　　　　C. 密封圈　　　　D. 密封组件
(6) 以科鲁兹轿车为例,节温器在多少℃时开始打开,并在105℃时完全受力打开?(　　)
　　A. 85℃　　　　B. 90℃　　　　C. 80℃　　　　D. 100℃

3. 思考题

尝试编制大众汽车EA888发动机水泵和节温器拆装工艺步骤和要点。

项目五 润滑系统拆装

项目导学

润滑系统是发动机的重要服务系统,发动机机械系统很多机件的工作性能与润滑条件密切相关,润滑油的油量、油质和油压对发动机影响很大。若发动机运转中出现异响和振动,则应注意检查润滑系的油量是否太少或机油压力是否过低。要使发动机恢复良好性能,需要对发动机润滑系统机件进行分解、检查、更换、组装等修复过程。

润滑系统能够润滑发动机中运动机件的接触表面,减少发动机零件间的摩擦阻力和磨损,提高发动机工作可靠性和使用寿命。本项目学习要求是通过润滑系统的拆装作业,认识以及理解其主要机件的结构和原理。

本项目的主要任务如图5-1所示。

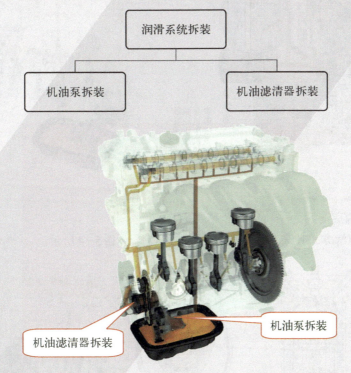

▲图5-1 润滑系统拆装任务示意图

1. 润滑系统组成

发动机润滑系统主要由机油滤清器、机油泵、油底壳、机油喷嘴、油路等组成,如图5-2所示。

2. 润滑系统功用

发动机润滑系统的功用是当发动机工作时连续不断地把足够数量的洁净润滑油(机油)输送到传动件摩擦表面,机油在摩擦表面形成油膜,从而减小摩擦阻力,降低功率消耗,减轻部件磨损,从而提高发动机工作可靠性和使用寿命,如图5-3所示。

▲ 图5-2 润滑系统组成

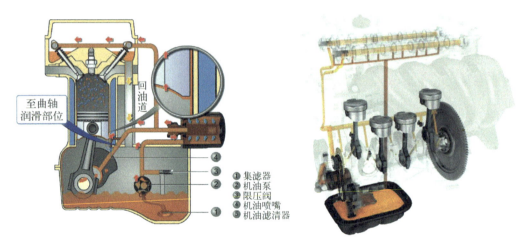

▲ 图5-3 润滑系统功用

3. 润滑系统的润滑方式

润滑系统的润滑方式可分为：飞溅润滑和压力润滑，如图5-4所示。

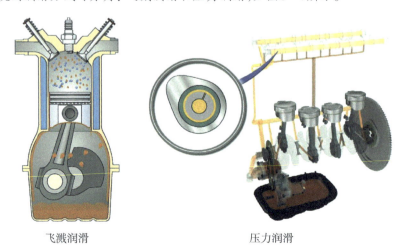

▲ 图5-4 润滑系统的润滑方式

飞溅润滑是指利用某些运动零件工作时从油底壳带起来的油滴对零件表面进行润滑的方式,如气缸壁表面的润滑等。

压力润滑是指用机油泵将一定的润滑油源源不断地送到零件相互摩擦面的润滑方式,如凸轮轴轴承、曲轴轴承的润滑等。

4. 润滑系统油路

发动机工作时,机油从油底壳中被机油泵通过集滤器吸入机油滤清器中。从机油滤清器中过滤后的机油经主油道分三路输送到发动机的各部件。一路经曲轴主轴颈、连杆轴颈最终回到油底壳;另一路经机油喷嘴最终回到油底壳;第三路经气缸盖,同时渗入可变配气正时系统(VVTi)、气门挺柱、凸轮轴轴承等部件,最终回到油底壳。润滑系统反复循环,始终不间断地把洁净的机油送到发动机的传动件摩擦表面,如图5-5所示。

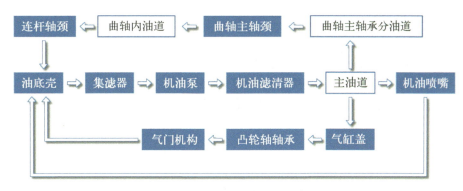

▲图5-5 润滑系统原理示意图

5. 机油冷却装置的分类

机油冷却装置主要有风冷式和水冷式两种,如图5-6所示。

风冷式机油冷却器采用横流式结构,布置在冷却液散热器前,利用风扇风力使机油冷却。

水冷式机油冷却器布置于冷却液水路中,冷却液在芯子管中流动,机油在管外流动,利用冷却液的温度来控制机油的温度。

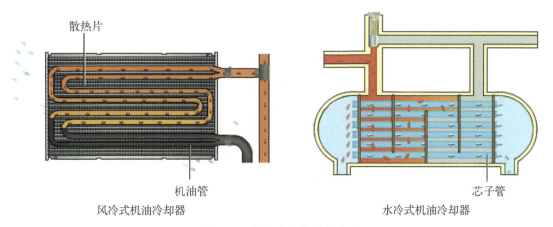

▲图5-6 机油冷却装置的分类

模块一 机油滤清器拆装

学习目标

- 掌握机油滤清器结构和原理。
- 能识别机油滤清器各部件结构。
- 能按工艺规程对机油滤清器进行拆装。
- 具有严谨的机油滤清器拆装质量意识和安全意识。
- 具有良好的技术交流、团队合作和环境保护意识。

学习导入

机油滤清器使用一段时间后,滤芯上会聚集许多油泥和金属碎屑,过滤效能会随之下降,通过机油滤清器的机油压力也会大大降低。油压降低到一定程度,机油滤清器旁通阀会打开,未过滤机油会通过旁路进入油路,携带的杂质会增加机件磨损,严重时可能会堵塞油道,造成机械故障。所以,机油滤清器需要定期更换。

机油滤清器安装在发动机的侧面,如图5-7所示。用于去除机油中的灰尘、金属颗粒、碳沉淀物和煤烟颗粒等杂质,如果说发动机是汽车的心脏,机油是汽车的血液,那么机油滤清器就是汽车的肝肺。

机油滤清器的拆装作业是对发动机润滑系统进行检修的前期作业;同时也能清晰地认识以及理解机油滤清器的结构和原理。

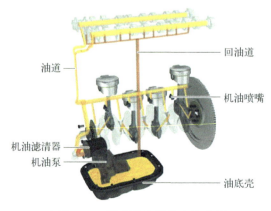

▲图5-7 机油滤清器的安装位置

任务　机油滤清器拆装

任务描述

有一辆雪佛兰科鲁兹汽车的用户反映,其车辆机油消耗过快,经维修人员检查后初步判断,该发动机机油滤清器外部磕碰造成损坏,需要拆检机油滤清器进一步检测。现请你根据发动机维修资料,使用专用、通用工具对发动机机油滤清器进行拆装;并在机油滤清器更换作业过程中,认识机油滤清器基本结构以及与相连机件的相互之间关系,掌握其功用和原理。

任务准备

一、知识准备

1. 机油滤清器结构

机油滤清器安装在发动机侧面,主要由上盖、壳体、滤芯、内孔管、安全阀等组成,如图5-8所示。

2. 机油滤清器功用及工作原理

机油滤清器的功用是滤除机油中的杂物、胶油和水分,向各润滑部件输送洁净的机油。当带有杂质的机油从纸滤芯的外围进入滤清器中心时,杂质被过滤在滤芯上,当滤芯严重堵塞时,旁通阀开启,机油不经过滤芯过滤直接进入主油道,防止机油断供现象的发生,如图5-9所示。

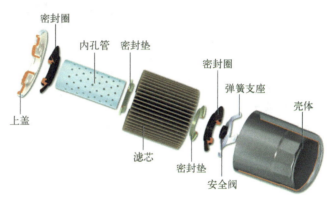

▲图5-8　机油滤清器结构

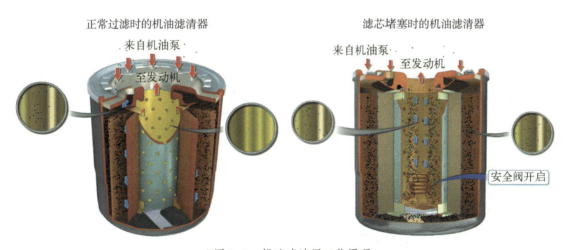

▲图5-9　机油滤清器工作原理

二、器材准备

名称	图	用途
科鲁兹 1.6 L LDE		用于发动机机械系统拆装
常用工具(一套)		用于拆装一般连接螺栓
指针式扭力扳手 定扭矩扳手		用于拆装螺栓、紧固螺栓扭矩
机油收集容器		用于暂时储存废机油
EN-45059 角度测量仪	EN-45059 J-45059 角度测量仪	用于塑性紧固螺栓定角度拧动
雪佛兰科鲁兹 1.6 L LDE 发动机 维修手册	 2015款雪佛兰科鲁兹维修手册	用于查阅发动机拆装工艺和数据

任务实施

1. 拆卸机油滤清器

（1）打开发动机舱盖,打开机油加注口盖。

（2）将一个接油盘放置于发动机下方。

（3）使用合适六角套筒、接杆、棘轮扳手,拆下机油滤清器盖①。

（4）拆下机油滤清器盖密封件②。

（5）拆下并正确报废机油滤清器芯③。

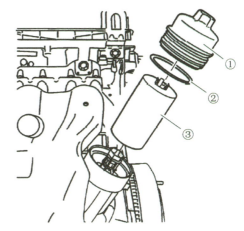

 注意事项

◇ 科鲁兹1.6 L LDE发动机使用专用高性能机油滤清器。使用任何其他滤清器都可能导致滤清器失效和发动机严重损坏。

（6）举升和顶起车辆。

（7）使用TX45套筒、棘轮扳手拧松放油螺栓,在放油螺栓正下方放置机油收集容器,再用手轻旋下放油螺栓,将机油排放到机油收集容器中。

 注意事项

◇ 排放时,注意机油不要流到手上,以免烫伤手;

◇ 废机油中有多种有害物质,不要长时间接触。

2. 安装机油滤清器

（1）清洁放油螺栓螺纹和油底壳中的螺纹。

（2）将一个新的密封件安装到放油螺栓上。

注意事项

◇ 检查衬垫是否被同时取下，如果没有，检查是否还粘在螺纹孔处；

◇ 要遵循原厂规定安装新衬垫。

（3）用TX45套筒，定扭矩扳手将放油螺栓安装到油底壳上并紧固至14 N·m。

（4）清洁放油螺栓处的油污。

（5）安装新的机油滤清器滤芯③。

（6）更换新的密封圈并涂抹少量清洁机油，安装新的机油滤清器盖密封件②。

（7）检查并清洗机油滤清器的安装面，将残留在机油滤清器座上的机油擦拭干净。

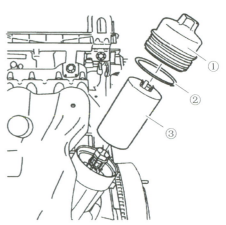

(8) 用手将机油滤清器轻轻地旋到位并拧紧,直到衬垫开始接触机油滤清器底座。

(9) 使用合适六角套筒、接杆、定扭矩扳手,安装机油滤清器盖①,并紧固至25 N·m。安装好后,要注意清洁其表面。

注意事项

◇ 过度拧紧机油滤清器盖可能导致机油滤清器盖受损,从而导致漏油。

(10) 加注新的发动机机油至规定油平面高度(按原厂规定加注4.5 L机油)。

(11) 盖上并拧紧机油加注口盖。

(12) 发动车辆,汽车空挡状态下轻踩油门,检查机油是否泄漏。

(13) 用干净的抹布擦拭放油螺栓和机油滤清器与发动机连接的缝隙处,查看是否存在机油泄漏现象。

拓展学习

看一看

大众汽车EA888系列发动机机油滤清器的结构特点

大众汽车EA888系列发动机的机油滤清器附带有机油冷却器,其通过支架被集成在发动机支架中。其中也安装了油压开关和皮带驱动装置的皮带轮,可以很容易地从上部进行拆卸和安装。机油滤清器为了防止更换滤清器时机油流出,在滤清器被拆下时,一个闭锁销会打开,这样就使得机油流回油底壳中,如图5-10所示。

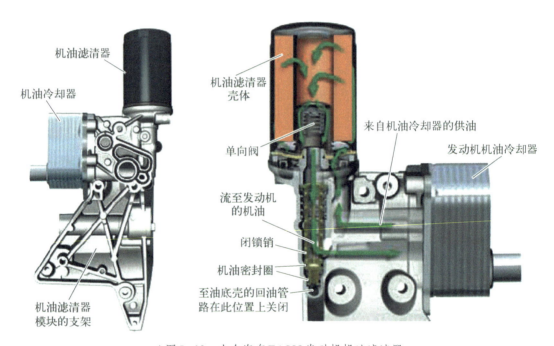

▲图5-10 大众汽车EA888发动机机油滤清器

试一试

大众汽车EA888系列发动机机油滤清器的拆装

运用已学习的知识和操作技能,尝试在参阅大众汽车维修手册之后,对大众汽车EA888发动机进行机油滤清器的拆装;在作业过程中认识机油滤清器的结构以及与相关零部件的连接关系。

练习与检测

1. 判断题

(1) 机油滤清器主要由上盖、壳体、滤芯、内孔管、安全阀等组成。（ ）

(2) 在新机油滤清器的衬垫上不需要涂抹一层干净的发动机机油。（ ）
(3) 佩戴防护服和手套,用肥皂和水彻底清洗皮肤,或使用免水型洗手剂清除所用的发动机机油。切勿使用汽油、稀释剂或溶剂。（ ）
(4) 选用机油滤清器专用工具,安装科鲁兹发动机机油滤清器的拧紧扭矩是16 N·m。（ ）

2. 单选题

(1) 选用机油滤清器专用工具,安装科鲁兹发动机机油滤清器的拧紧扭矩是（ ）。
　　A. 16 N·m　　　　B. 19 N·m　　　　C. 20 N·m　　　　D. 25 N·m
(2) 机油滤清器阻塞时,其安全阀打开,机油直接流向（ ）。
　　A. 机油泵　　　　B. 油底壳　　　　C. 主油道　　　　D. 气缸壁
(3) 机油滤清器安装在正时链条盖下部,主要由上盖、壳体、内孔管、（ ）、安全阀等组成。
　　A. 滤芯　　　　　B. 内转子　　　　C. 外转子　　　　D. 定子

3. 思考题

尝试编制大众汽车EA888发动机机油滤清器的拆装工艺步骤和要点。

模块二 机油泵拆装

学习目标

- 掌握机油泵结构和原理。
- 能识别机油泵结构。
- 能按工艺规程对机油泵进行拆装。
- 具有严谨的机油泵拆装质量意识和安全意识。
- 具有良好的技术交流、团队合作和环境保护意识。

学习导入

当发动机机油压力过低、机油变质等现象,则应注意检查润滑系统的工作状况。拆解润滑系统机油泵等进行检修或更换。

机油泵一般安装在发动机中下部,在发动机任何转速下都能以足够高的压力向润滑部位输送足够数量的机油,它是发动机实现正常运转的重要机件,如图5-11所示。

机油泵的拆装作业是对发动机润滑系统进行检修的前期作业;同时也能清晰地认识以及理解水泵的结构和原理。

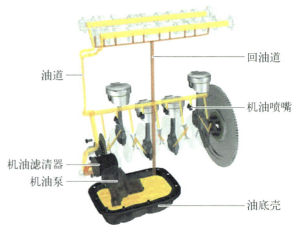

▲图5-11 机油泵安装位置

任务 机油泵拆装

任务描述

有一辆雪佛兰科鲁兹汽车的用户反映,在正常工作温度下,发动机怠速运行时机油压力指示灯点亮。经维修人员检查后初步判断,该发动机机油压力过低,需要拆检机油泵进一步检测。现请你根据发动机维修资料,使用专用、通用工具对发动机机油泵进行拆装;并在机油泵拆装作业过程中,认识机油泵基本结构以及与相连机件的相互之间关系,掌握其功用和原理。

任务准备

一、知识准备

1. 机油泵功用

机油泵的功用是保证机油在润滑系统内循环流动,并在发动机任何转速下都能以足够高的压力向润滑部位输送足够数量的机油。

2. 机油泵结构类型

机油泵可分为齿轮式机油泵和转子式机油泵,如图5-12所示。

1)转子式机油泵。

转子式机油泵主要由内转子、外转子、壳体、机油泵盖、限压阀等零件组成。如图5-13所示。

▲图5-12 机油泵类型

▲图5-13 转子式机油泵结构

转子式机油泵的内转子带动外转子转动,且转速快于外转子。内外转子之间形成四个互相封闭的工作腔,每个工作腔在最小时与壳体上的进油孔接通,随后容积变大,形成真空,吸入机油;转子继续转动,工作腔容积变小,油压升高,当工作腔与出油孔接通时,压出机油,如图5-14所示。

2)齿轮式机油泵。

齿轮式机油泵主要由机油泵链轮、前盖、轴承、定位销、齿轮组、机油泵体和后盖等组成,如图5-15所示。

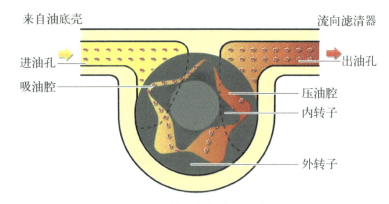

▲图5-14 转子式机油泵工作原理

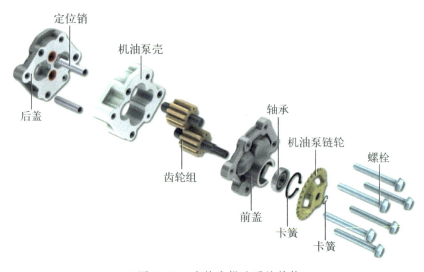

▲图5-15 齿轮式机油泵的结构

主动齿轮带动从动齿轮旋转时,进油腔容积由于轮齿脱离啮合而增大,腔内形成一定的真空,机油从进油口吸入;旋转的齿轮将齿间的机油带到出油腔,出油腔容积由于轮齿进入啮合而减小,油压升高,机油经出油口压出,如图5-16所示。

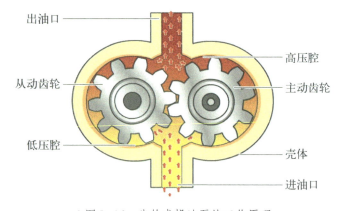

▲图5-16 齿轮式机油泵的工作原理

3. 机油泵限压阀工作原理

限压阀用于限制润滑系中机油的最高压力。当机油泵与主油道上的机油压力超过预定的压力时，机油压力克服限压阀弹簧作用力，顶开阀门，一部分机油从侧面通道流入油底壳内，使油道内的油压下降至设定的正常值。如图5-17所示。

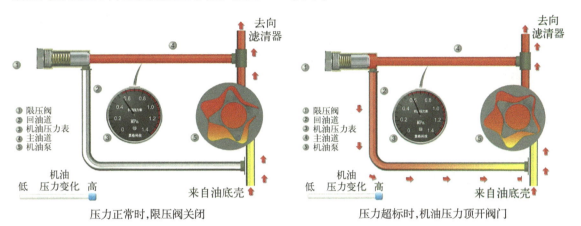

▲图5-17 机油泵限压阀工作原理

二、器材准备

名　　称	图	用　　途
科鲁兹1.6 L LDE 发动机总成和拆装台架		用于发动机机械系统拆装
常用工具（一套）		用于拆装一般连接螺栓
指针式扭力扳手 定扭矩扳手		用于拆装螺栓、紧固螺栓扭矩
EN-45059 角度测量仪	EN-45059 J-45059 角度测量仪	用于塑性紧固螺栓定角度拧动

名　　称	图	用　　途
雪佛兰科鲁兹 1.6 L LDE 发动机维修手册	上海通用汽车 SHANGHAI GM 2015款雪佛兰科鲁兹维修手册	用于查阅发动机拆装工艺和数据

（续表）

任务实施

1. 拆卸机油泵

（1）用E12套筒、接杆和棘轮扳手拆下8个发动机前盖螺栓②③。

（2）拆下发动机前盖④。

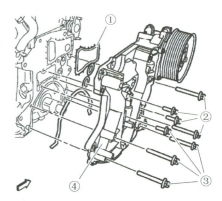

（3）拆下发动机前盖密封件。

（4）用T30套筒、接杆和棘轮扳手拆下6个机油泵螺栓。

（5）取出内外转子。

2. 安装机油泵

（1）清洁并安装内外转子。

◇ 安装时，要求内转子带槽面向上安装。

（2）用T30套筒、接杆和棘轮扳手安装6个机油泵螺栓。

（3）清洁密封面。
（4）安装一个新的发动机前盖密封件①。
（5）安装发动机前盖④。
（6）用E12套筒、接杆和棘轮扳手安装8个发动机前盖螺栓②③并紧固至20 N·m。

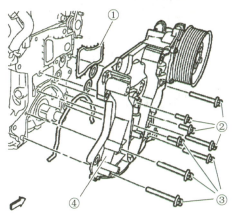

拓展学习

看一看

大众汽车EA888系列发动机机机油泵的结构特点

大众汽车EA888系列发动机机油泵为外啮合齿轮泵,它被集成在油底壳的顶部并且由曲轴通过一个链条驱动装置驱动,如图5-18所示。

机油压力是通过机油泵内部清洁机油侧的控制弹簧和控制活塞控制的,此系统也通过一个弹簧加载的球阀(冷起动阀)实现过压保护。在冷起动过程中,较高黏度的机油会产生异常的高压。

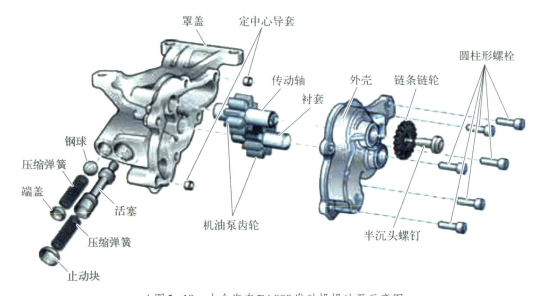

▲图5-18 大众汽车EA888发动机机油泵示意图

试一试

大众汽车EA888系列发动机机油泵拆装

运用已学习的知识和操作技能,尝试在参阅大众汽车维修手册之后,对大众汽车EA888发动机进行机油泵拆装;在作业过程中认识机油泵结构以及与相关零部件的连接关系。

练习与检测

1. 判断题

(1)机油泵主要由壳体、内转子、外转子、限压阀等组成。（ ）
(2)机油泵可分为滚子式机油泵和转子式机油泵两种类型。（ ）
(3)机油泵限压阀的作用是限制润滑系中机油的最高压力。（ ）

2. 单选题

(1) 在科鲁兹发动机上安装发动机前盖8个螺栓的拧紧力矩是（　　）。
　　A. 20 N·m　　　　B. 25 N·m　　　　C. 8 N·m　　　　D. 30 N·m

(2) 机油泵限压阀用以限制润滑系中机油的什么压力？（　　）
　　A. 最高　　　　　B. 最低　　　　　C. 最慢　　　　　D. 最快

(3) 科鲁兹发动机采用的机油泵的类型是（　　）。
　　A. 侧槽式　　　　B. 齿轮式　　　　C. 月牙式　　　　D. 转子式

3. 思考题

尝试编制大众汽车EA888发动机机油泵拆装工艺步骤和要点。

项目六 传动系拆装

汽车底盘主要由传动系、行驶系、转向系和制动系组成。

项目导学

如何将发动机产生的驱动力传递给驱动轮？那就需要安装一套传动系统。汽车发动机与驱动轮之间的动力传递装置称为汽车的传动系。它应保证汽车具有在各种行驶条件下所必需的牵引力、车速以及保证牵引力与车速之间协调变化等功能，使汽车具有良好的动力性和燃油经济性，并保证汽车能实现倒车以及左右驱动轮差速的要求，还可以根据需要平稳的接合或彻底、迅速的分离动力传递。任何一辆车在行驶一段时间后传动系的机件都可能发生磨损或损伤，造成发动机动力无法传递给驱动轮使其正常行驶，要使传动系能恢复良好性能，需要对传动系机件进行分解、检查、更换、组装等修复过程。

发动机输出的扭矩远不足以驱动汽车行驶。所以汽车上需要安装变速器与主减速器，从而降低速度提高扭矩，部件之间的动力传递则需要依靠传动轴来完成，若两个部件之间相对位置会发生变化时，则需要加装万向节，当汽车起步时需要依靠离合器平稳的传递动力实现起步。当汽车转弯时，依靠差速器实现左右驱动轮按照不同的速度旋转。

本项目的主要任务如图6-1所示。

▲图6-1 汽车传动系拆装任务示意图

汽车传动系的基本功用是将发动机发出的动力传给驱动轮，使汽车行驶。

汽车传动系统的组成与其类型、布置形式及驱动形式等与许多因素有关。

以发动机纵向前置，后轮为驱动轮的汽车传动系为例。传动系由离合器、变速器、传动轴和万向节组成的万向传动装置以及安装在驱动桥壳中的主减速器、差速器和半轴等组成。

传动系各总成的基本功用分别是：

(1) 离合器：按需适时切断或接合发动机与传动系统之间的动力传递。

(2) 变速器：改变转速、转矩和旋转方向，并能中断动力传递。

(3) 万向传动装置：将变速器输出的动力传给主减速器，并适应两者之间距离和轴线夹角的变化。

(4) 主减速器：降低转速，增大转矩，按需改变动力的传递方向(90°)。

(5) 差速器：将主减速器传来的动力分配给左右两半轴，并允许左右两半轴以不同角速度旋转，以满足左右两驱动轮差速行驶。

(6) 半轴：将差速器传来的动力传给驱动轮。

模块一　前轮驱动轴拆装

学习目标

- 掌握前轮驱动轴的结构。
- 了解前轮驱动轴的功用。
- 能描述前轮驱动轴的工作原理。
- 具有严谨的驱动轴拆装质量意识和安全意识。
- 具有良好的技术交流、团队合作和环境保护意识。

学习导入

当车辆发生撞车事故导致车辆驱动轴变形或者驱动轴万向节损坏需要更换时，那就需要拆卸驱动轴进行检修或者更换。

汽车的转向驱动桥需要满足转向和驱动的功能，其半轴是分段的，转向时两段半轴轴

▲图6-2　带万向传动装置的驱动轴

线相交且夹角变化，因此要用万向传动装置。在断开式驱动桥中，主减速器壳固定是在车架上的，桥壳上下摆动，半轴是分段的，也须用万向传动装置。如图6-2所示。

虽然变速器、离合器、分动器等都支撑在车架上，且他们的可以设计在一根轴线上，但为消除车架变形及制造、装配误差等引起的轴线同轴度误差对动力传递的影响，其间也常装有万向传动装置。

任务　前轮驱动轴拆装

任务描述

有一辆雪佛兰科鲁兹汽车的用户反映，该车在启动的时候发出明显的振动，行驶中振动也非常明显。踩刹车或者起步的时候能听到"咯噔"声。经维修人员检查后初步判断，发现该车前轮驱动轴的万向节有漏油现象。为了进一步找到故障原因，需要对该车驱动轴进行拆卸检查。现请你根据维修资料，使用专用、通用工具对前轮驱动轴进行拆装；并在拆装作业过程中，认识驱动轴的结构特点以及相互之间关系，掌握其功用和原理。

任务准备

一、知识准备

1. 万向传动装置组成和功用

（1）组成：万向节和传动轴，当传动轴比较长时，还要加中间支承。

（2）功用：在轴线相交且相对位置经常变化的两转轴间传递动力，如图6-3所示。

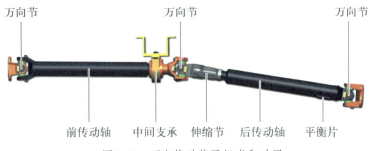

▲图6-3　万向传动装置组成和功用

2. 万向节结构与原理

万向节是实现转轴之间变角度传递动力的部件。

如果万向节在扭转方向没有弹性、动力靠零件的铰链式连接传递，是刚性万向节，刚性万向节又分为不等速万向节（如十字轴式万向节）、准等速万向节（如双联式、三销轴式等）和等速万向节（如球叉式、球笼式等）。

如果万向节在扭转方向有一定弹性、动力靠弹性零件传递且有缓冲减振作用，是弹性万向节。

等速万向节

1）工作原理

保证万向节在工作过程中，其传力点永远位于两轴交角的平分面上，如图6-4所示。等速万向节主要用于前驱动桥和断开式驱动桥的轿车上。常用的有球笼式、球叉式、三叉式。

2）球笼式万向节

（1）固定型球笼式万向节（RF节）。固定型球笼式万向节的结构特点是在传递转矩的过程中，主从动轴之间只能相对转动、不会产生轴向位移，如图6-5所示。

（2）伸缩型球笼式万向节（VL节）。伸缩型球笼式万向节的结构特点是在传递转矩的过程中，主从动轴之间不仅能相对转动，而且可以产生轴向位移，如图6-6所示。

（3）RF节和VL节应用。RF节和VL节广泛应用于采用独立悬架的轿车转向驱动桥，如红旗、桑塔纳、捷达、宝来、奥迪等轿车的前

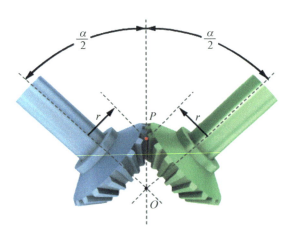

▲图6-4　等角速万向节原理图

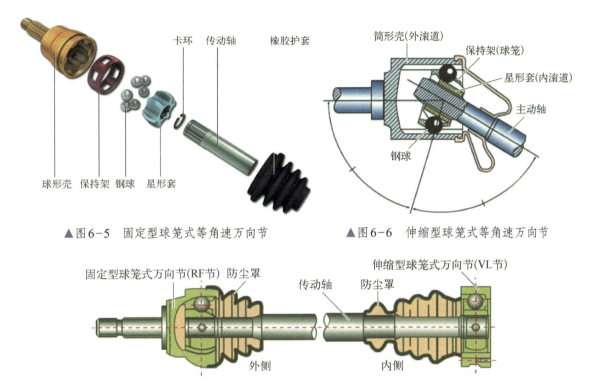

▲图6-5 固定型球笼式等角速万向节　　　▲图6-6 伸缩型球笼式等角速万向节

▲图6-7 RF节与VL节在转向驱动桥中的应用

桥,如图6-7所示。其中RF节用于靠近车轮处,VL节用于靠近驱动桥处。

二、器材准备

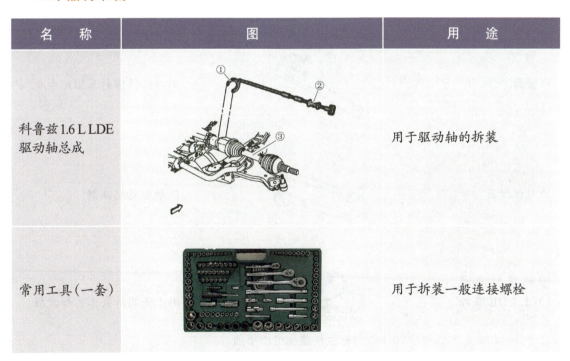

名　称	图	用　途
科鲁兹1.6 L LDE 驱动轴总成		用于驱动轴的拆装
常用工具(一套)		用于拆装一般连接螺栓

(续表)

名　称	图	用　途
指针式扭力扳手 定扭矩扳手		用于紧固定扭矩螺栓
EN-45059 角度测量仪	EN-45059 J-45059 角度测量仪	用于塑性紧固螺栓定角度拧动
惯性锤		用于拆卸驱动轴
卡簧钳		用以拆卸和安装卡簧
张紧器		用以压接密封罩固定卡簧
油封保护器		保护驱动轴油封
雪佛兰科鲁兹 1.6 L LDE 维修手册	2015款雪佛兰科鲁兹维修手册	用于查阅拆装工艺和数据

任务实施

1. 左前轮驱动轴拆装

1）拆卸顺序

> **注意事项**
>
> ◇ 在拆下和安装前轮驱动轴之前，必须将DT-6332或同等工具安装至前轮驱动轴油封中。没有使用DT-6332可能导致前轮驱动轴的花键划伤前轮驱动轴油封。

（1）使用CH-313惯性锤②和CH-6003拆卸工具①，从车辆上拆下车轮驱动轴③。

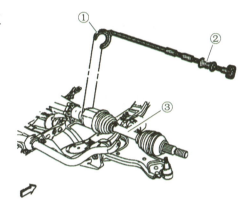

（2）使用卡簧钳将垫圈①从车轮驱动轴②上拆下并更换。切勿重复使用垫圈。

> **注意事项**
>
> ◇ 如果车轮驱动轴上没有垫圈，则安装新的垫圈。该图所示为右侧车轮驱动轴，仅作为专用工具正确使用的示例！

2）安装顺序

（1）小心地将车轮驱动轴安装到差速器上，直至花键通过DT-6332保护工具。

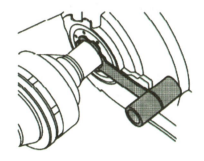

(2)将DT-6332保护工具从差速器输出轴密封件上拆下。

(3)将前轮驱动轴安装到差速器上直至卡环完全就位。

(4)抓住内侧万向节外壳并向外拉,确认前轮驱动轴卡环正确就位。

(5)将前轮驱动轴安装到前轮轴承/轮毂上。

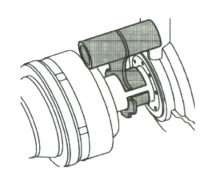

2.右前轮驱动轴拆装(带中间驱动轴)

 注意事项

◇ 右前轮驱动轴与差速器的链接分为带中间驱动轴和不带中间驱动轴两种,拆装顺序和方法与左前轮驱动轴拆装基本相同,带中间驱动轴拆装中的一些不同部分阐述如下。

1)拆卸顺序

(1)从中间传动轴上小心地拆下车轮驱动轴①。

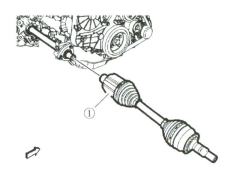

(2)使用卡簧钳将O型圈①从中间传动轴②上拆下并更换新件。

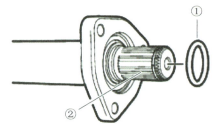

2)安装顺序

小心地将车轮驱动轴①安装到中间传动轴上。

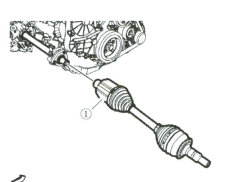

3. 前驱动轴万向节和护套拆装

1) 拆卸顺序

专用工具

- GE-396卡环钳
- CH-804张紧器

(1) 拆下左侧或右侧车轮驱动轴。

(2) 使用斜口钳将密封罩大固定卡箍②从等速万向节外球座③上拆下。

(3) 在大直径端将半轴外侧密封罩①从等速万向节外球座③上分离。

(4) 沿半轴杆⑤将密封罩④滑离万向节。

(5) 擦除万向节星形套②表面的润滑脂。

(6) 使用GE-396夹钳⑥,分开座圈卡环③的环耳。

(7) 将等速万向节总成②从半轴杆①上拆下。

(8) 更换外侧密封罩。

(9) 用清洗溶剂彻底清洗以下部件,清除所有旧油脂和污物的痕迹。

- 星形套和外球座总成
- 等速万向节球笼
- 镀铬合金球

(10) 干燥所有零件。

2) 安装顺序

(1) 将半轴夹在台钳中。

(2) 将新的小的带凸耳的卡箍②安装到外侧密封罩①的颈部上,先不要压紧。

(3) 将外侧密封罩①套到半轴杆上且把外侧密封罩①的颈部固定在半轴杆密封槽内。半轴杆上位于可见凹槽下面的最大凹槽是密封槽③。

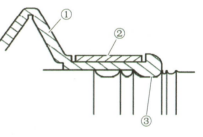

(4) 使用CH-804张紧器①和定扭矩扳手,压接带凸耳的卡箍。将带凸耳的卡箍紧固至25 N·m。

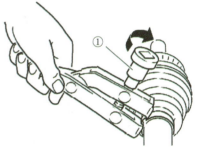

(5) 将维修组件中约一半的润滑脂涂抹到外侧密封罩的内部,用剩余的润滑脂涂抹等速万向节。

(6) 将等速万向节②推到半轴杆①上,直至卡环就位于半轴杆的凹槽。

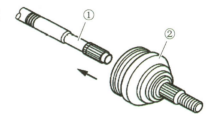

(7)将大直径的外侧密封罩①连同就位的密封罩大固定卡箍②滑到等速万向节外球座③的外侧,并将凹槽内的密封罩唇部置于等速万向节外球座上的凹槽内。

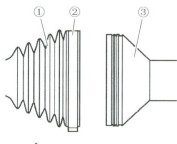

(8)使用CH-804张紧器①压接密封罩固定卡箍至25 N·m。
(9)安装左侧或右侧车轮驱动轴。

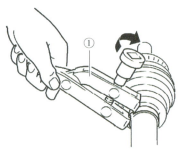

拓展学习

看一看

载货汽车转向驱动桥中的三销轴式万向节结构特点

主、从动偏心轴叉分别与转向驱动桥的内、外半轴制成一体。叉孔中心线与叉轴中心线互相垂直但不相交。两叉由两个三销轴连接。三销轴的大端有一穿通的轴承孔,其中心线与小端轴颈中心线重合。靠近大端两侧有两轴颈,其中心线与小端轴颈中心线垂直并相交。装合时,每一偏心轴叉的两叉孔与一个三销轴的大端两轴颈配合,而后两个三销轴的小端轴颈互相插入对方的大端轴承孔内,这样便形成了$Q_1—Q_1'$、$Q_2—Q_2'$和$R—R'$三根轴线。如图6-8所示。

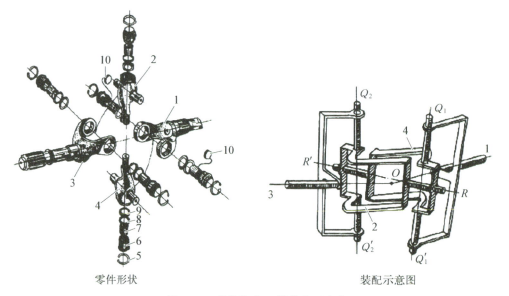

零件形状　　　　　装配示意图

▲图6-8　载货汽车三销轴式万向节

试一试

载货汽车转向驱动桥三销轴式万向节拆装

运用已学习的知识和操作技能，尝试在参阅汽车维修手册之后，对载货汽车的驱动轴进行拆装作业；在作业过程中认识驱动轴结构以及与相关零部件的连接关系。

练习与检测

1. 判断题

(1) 汽车的转向驱动桥需要满足转向和驱动的功能，其半轴是分段的。（   ）
(2) 转向时两段半轴轴线相交且夹角变化，因此要用万向传动装置。（   ）
(3) 万向节是实现车轮之间变角度传递动力的部件。（   ）
(4) 如果万向节在扭转方向有一定弹性、动力靠弹性零件传递且有缓冲减振作用，是弹性万向节。（   ）

2. 单选题

(1) 将驱动轴从车辆上拆下来的时候需要采用的工具是（   ）。
    A. 螺丝刀   B. 惯性锤   C. 锤子   D. 风动枪
(2) 安装万向节防尘罩固定卡箍时，需要的扭矩是（   ）N·m。
    A. 70   B. 30   C. 60   D. 25
(3) 拆卸输出轴的时候，需要采用保护工具，保护（   ）。
    A. 密封件   B. 防尘罩   C. 万向节   D. 驱动轴
(4) （   ）形式的万向节称为等速万向节。
    A. 三销轴式   B. 双联式   C. 球叉式   D. 十字轴式

3. 思考题

尝试编制载货汽车三销轴式万向节拆装工艺步骤和要点。

模块二　手动变速器拆装

学习目标

- 掌握手动变速器的结构。
- 了解手动变速器的功用。
- 能描述手动变速器的工作原理。
- 具有严谨的手动变速器拆装质量意识和安全意识。
- 具有良好的技术交流、团队合作和环境保护意识。

学习导入

手动变速器是一种变速装置,用来改变发动机传到驱动轮上的转速和转矩,在原地起步、爬坡、转弯、加速等各种工况下,使汽车获得不同的牵引力和速度,同时使发动机工作在较为有利的工况范围内。变速器故障常见的有跳挡、乱挡、挂挡困难、异响和漏油等。当出现上述故障时,则需要对变速器进行拆卸检修。

现代汽车所用的发动机转速与转矩的变化范围有限,但是汽车的行驶条件变化很大,使得汽车对驱动力和车速的要求也在很大范围内变化。比如,汽车起步时车速不需要太高,但是需要较大的驱动力;而在高速路上行驶时,驱动力不需要太大,却需要较高的车速。汽车的这种需求特点就与发动机的转速-转矩特性相矛盾,变速器恰恰可以解决这个矛盾。

任务　手动变速器拆装

任务描述

有一辆雪佛兰科鲁兹汽车的用户反映,该车在挂入挡位后,变速器发出不正常的响声,随着车速的增加而提高。尤其是在挂入低速挡时,往往会发生跳挡和挂挡困难的现象。经维修人员检查后初步判断,发现该车变速器换挡杆松旷,变速器齿轮油严重变质,为了进一步找到故障原因,需要对该车变速器进行拆卸检查。现请你根据维修资料,使用专用、通用工具对变速器进行拆装;并在拆装作业过程中,认识变速器的结构特点以及相互之间关系,掌握其功用和原理。

任务准备

一、知识准备

1. 变速器的功用

（1）改变传动比，扩大驱动力和速度变化范围，适应路况和行驶条件，使发动机在最有利的条件下工作；

（2）不改变发动机旋转方向的前提下，实现倒向行驶；

（3）中断发动机向驱动轮的动力传递。

2. 变速器的组成

（1）变速传动机构，如图6-9(a)所示；
（2）变速操纵机构，如图6-9(b)所示。

▲图6-9(a) 变速器传动机构示意图

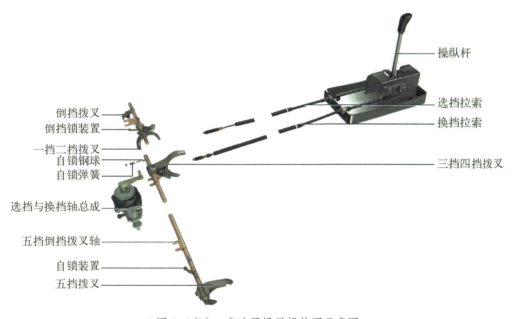

▲图6-9(b) 变速器操纵机构图示意图

3. 变速器的类型

（1）按传动比变化方式的不同，变速器可分为有级式、无级式和综合式3种。

（2）按换挡操纵方式的不同，变速器可分为手动操纵式、自动操纵式和半自动操纵式3种，如图6-10所示。

（3）按支撑轴的数量不同，变速器可分为2轴变速器和3轴变速器。

（4）按挡位个数的不同，变速器可分为4挡变速器和5挡变速器。

手动变速器　　　　　　　　　　　　自动变速器

▲图6-10　变速器分类

4. 变速传动机构的组成、工作原理和换挡方式

1）变速传动机构的组成

变速传动机构主要由齿轮、轴及变速器壳体等零部件组成。

2）变速器传动机构的工作原理

（1）利用不同齿数的齿轮对相互啮合，以改变变速器的传动比（i），如图6-11所示。传动比（i）的计算公式：

$$i=\frac{z_2}{z_1}=\frac{n_1}{n_2}$$

当$i>1$时，等速

当$i=1$时，减速增扭

当$i<1$时，超速挡，提高燃油经济性

（2）通过增加齿轮传动的对数，以实现倒挡，如图6-12所示。

前进挡时，动力由第一轴直接传给第二轴，只经过一对齿轮传动，两轴转动方向相反。倒挡时，动

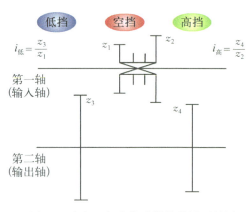

▲图6-11（a）　变速传动机构的原理简图

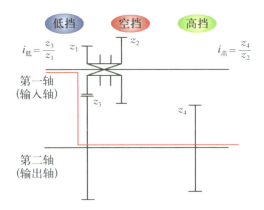
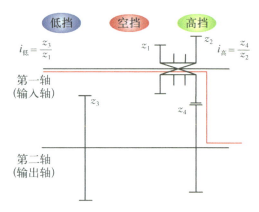

▲图6-11（b）　变速传动机构的原理简图（低速挡）　▲图6-11（c）　变速传动机构的原理简图（高速挡）

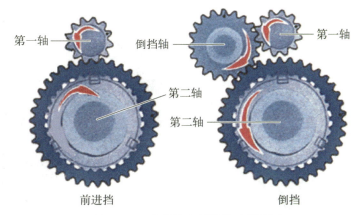

▲图6-12 前进挡和倒挡传动原理图

力由第一轴传给倒挡轴、再由倒挡轴传给第二轴,经过两对齿轮传动,第一轴与第二轴转动方向相同。

3)常见的换挡方式

(1)滑动齿轮换挡方式。直齿滑动式换挡齿轮与轴通过花键相连接,在空挡情况下,与另一齿轮并不啮合,如图6-13所示。挂挡时,通过直接移动滑挡齿轮与另一个齿轮啮合即可。这种换挡方式换挡冲击大、齿轮易磨损,同时参与工作的齿轮数少,高强度下易断齿。

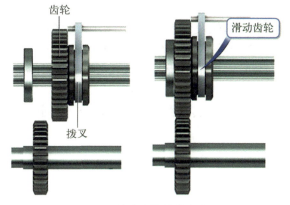

▲图6-13 滑动齿轮换挡方式示意图

(2)接合套换挡方式。这种换挡装置用于斜齿轮传动(参与工作齿轮数多,工作平稳)的挡位,如图6-14所示。接合套式换挡装置由于其接合齿短,换挡时拨叉移动量小,故操作较轻便,且换挡承受冲击的面积增加,使换挡时冲击减小,换挡元件的寿命长。

(3)同步器换挡方式。同步器式换挡装置是在接合套式换挡装置的基础上又加装了同步元件而构成的一种换挡装置,如图6-15所示。它可以保证在换挡时使接合套与待啮合齿圈的圆周速度迅速相等,即迅速达到同

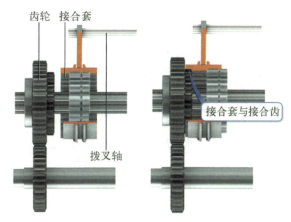

▲图6-14 接合套换挡方式示意图

步状态,并防止两者在同步之前进入啮合,从而可消除换挡时的冲击,并使换挡操纵简单,无须两脚离合。

5.两轴式变速器

1)两轴式变速器结构

两轴式变速器变速传动机构主要由第一轴(即动力输入轴)、第二轴(即动力输出轴)、倒挡

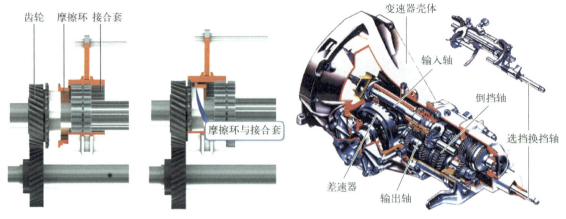

▲图6-15 同步器换挡方式示意图　　▲图6-16 两轴式变速器结构图

轴、各挡齿轮及变速器壳体所构成,如图6-16所示。大部分轿车都采用两轴式变速器。

2）两轴式变速器传动原理

(1) 一挡传递路线。输入轴→一挡主动齿轮→一挡从动齿轮→1—2挡同步器→输出轴,如图6-17所示。

(2) 二挡传递路线。输入轴→二挡主动齿轮→二挡从动齿轮→1—2挡同步器→输出轴,如图6-18所示。

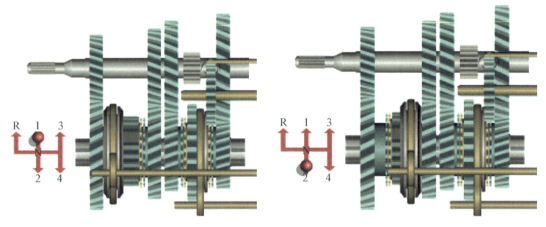

▲图6-17 两轴式变速器一挡传动路线图　　▲图6-18 两轴式变速器二挡传动路线图

(3) 三挡传递路线。输入轴→三挡主动齿轮→三挡从动齿轮→3—4挡同步器→输出轴,如图6-19所示。

(4) 四挡传递路线。输入轴→四挡主动齿轮→四挡从动齿轮→3—4挡同步器→输出轴,如图6-20所示。

(5) 倒挡传递路线。输入轴→倒挡主动齿轮→倒挡惰轮→倒挡从动齿轮（3—4挡同步器接合套）→输出轴,如图6-21所示。

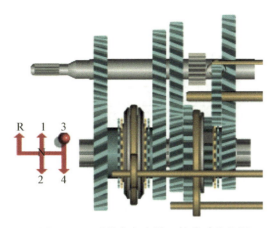
▲图6-19 两轴式变速器三挡传动路线图

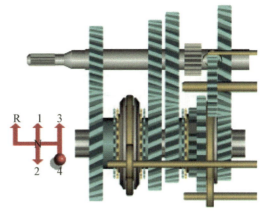
▲图6-20 两轴式变速器四挡传动路线图

6. 防止自动跳挡的措施

利用接合套换挡的变速器,由于接合套与齿圈的接合长度较短,同时汽车行驶时需要经常换挡,频繁拨动接合套将使齿端发生磨损。汽车行驶中可能会因振动等原因造成接合套与齿圈脱离啮合,即发生自动跳挡。通过以下结构措施可以防止自动跳挡,如图6-22、图6-23所示。

1) 接合套和接合齿圈的齿端制成倒斜面
2) 花键毂齿端的齿厚切薄
3) 接合套的齿端制成凸肩

7. 同步器构造及工作原理

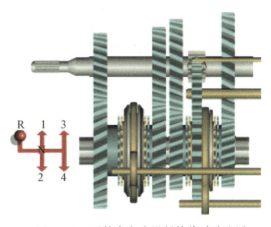
▲图6-21 两轴式变速器倒挡传动路线图

同步器是利用摩擦原理实现同步的,现代汽车上广泛使用的是惯性式同步器,可以从结构上保证待啮合的接合套与接合齿轮的花键齿在达到同步之前不可能接触,可以避免齿间冲击和噪声,如图6-24所示。

1) 锁环式惯性同步器结合过程
2) 同步器

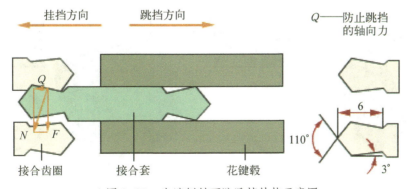
▲图6-22 齿端倒斜面防跳挡结构示意图

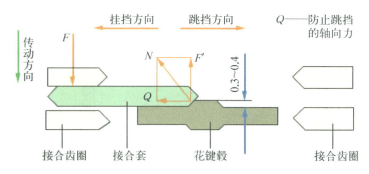

▲图6-23 齿端齿厚切薄防跳挡结构示意图

▲图6-24 锁环式惯性同步器

（1）第一步。通过变速器操纵机构向左推动接合套，并通过定位销带动滑块一起向左移动。同时锁环与齿圈相接触，由于两者转速不相等，使得接合套的齿端与锁环齿端恰好抵住，如图6-25(a)所示。

（2）第二步。由于驾驶员始终对接合套施加一个轴向推力F_1，故形成倒角斜面上的法向正压力F_n和切向分力F_2。F_2形成一个力图拨动锁环相对于接合套向后倒转的拨环力矩，如图6-25(b)所示。

（3）第三步。只要驾驶员继续对接合套施加推力，使两个摩擦锥面之间靠静摩擦作用紧密结合在一起，在拨环力矩的作用下，接合套与锁环不再相抵触，而与锁环的花键齿圈进入啮合，如图6-25(c)所示。

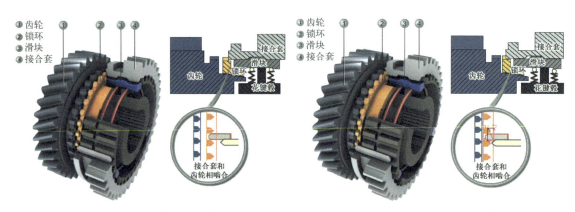

▲图6-25(a) 锁环式同步器结合过程　　▲图6-25(b) 锁环式同步器结合过程

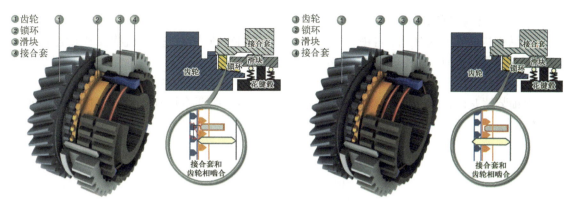

▲图6-25(c) 锁环式同步器结合过程　　　　▲图6-25(d) 锁环式同步器结合过程

(4) 第四步。当接合套与锁环进入啮合后,轴向力不再作用于锁环上,但由于接合套和待啮合齿轮之间未同步,所以接合套的花键齿恰好与齿圈的花键齿发生抵触,则作用于接合套上的轴向力在齿圈的倒角面上也会产生一个切向分力,靠此切向分力便可拨动齿圈及其相联系的零件相对于接合套转过一个角度,从而使接合套与齿圈进入啮合,接合套转过一个角度,从而使接合套与齿圈进入啮合最终完成换挡过程,如图6-25(d)所示。

8. 变速器操纵机构

直接操纵机构

1) 选挡换挡机构

选挡换挡机构是由变速杆、拨块、拨叉轴和拨叉等组成。它的作用是完成换挡的基本动作,保证驾驶员准确可靠地使变速器挂入所需要的挡位,如图6-26所示。

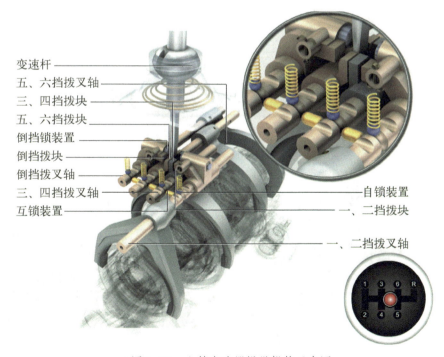

▲图6-26 六挡变速器操纵机构示意图

2）操纵机构的安全装置

操纵机构的安全装置有：自锁装置、互锁装置和倒挡锁装置。操纵机构安全装置的作用是保证变速器在任何情况下都能准确、安全、可靠地工作。

(1) 自锁装置

自锁装置是由自锁钢球和自锁弹簧组成，它的作用是保证换挡到位、防止自动脱挡，如图6-27所示。

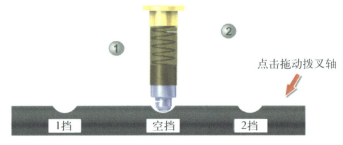

▲图6-27 自锁装置工作原理图

(2) 互锁装置

互锁装置是由互锁销，互锁钢球组成。它的作用是防止同时挂入两挡，如图6-28所示。

(3) 倒挡锁

倒挡锁是由倒挡锁销，倒挡锁弹簧；必须用力克服倒挡锁弹簧才能切入倒挡组成。它的作用是防止误挂倒挡，如图6-29所示。

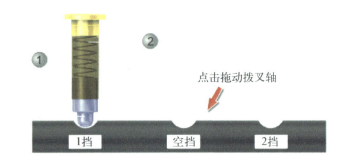

▲图6-28 互锁装置工作原理图

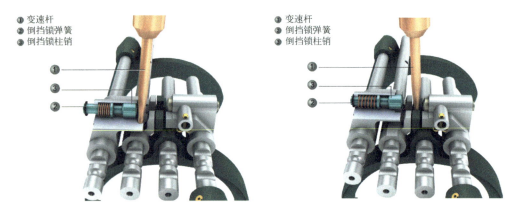

▲图6-29 倒挡锁装置工作原理图

9. 远距离操纵机构

当变速器在汽车上的布置离驾驶员座位较远时，需要在变速杆与拨叉轴之间加装一套传动机构或辅助杠杆，实现对变速器的远距离操纵。此时，操纵机构由外部操纵机构和内部操纵机构两部分构成。

1）外部操纵机构

外部操纵机构是由从变速杆到选挡换挡轴之间的所有传动件组成，如图6-30所示。它的作用是实现对变速器的远距离操纵。

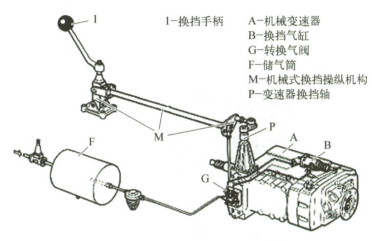

▲图6-30　EPS轻便换挡操纵系统

2）内部操纵机构

内部操纵机构是由选挡换挡轴、拨叉轴、拨叉、自锁装置、互锁装置和倒挡锁等组成，如图6-31所示。

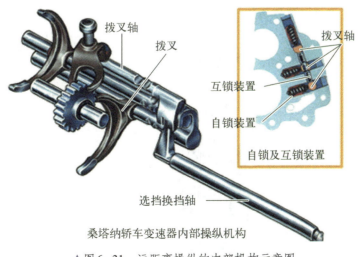

▲图6-31　远距离操纵的内部机构示意图

二、器材准备

名　称	图	用　途
科鲁兹1.6 L LDE变速器总成		用于变速器的拆装
常用工具（一套）		用于拆装一般连接螺栓
指针式扭力扳手 定扭矩扳手		用于紧固定扭矩螺栓
夹具		用于固定变速器
惯性锤		用于拆卸自锁装置
拉具		用于拆卸齿轮组或轴承
压床		用以安装变速器齿轮组和轴承

(续表)

名　称	图	用　途
卡簧钳（轴用、孔用）		用以拆卸和安装弹性挡圈
雪佛兰科鲁兹1.6 L LDE维修手册	2015款雪佛兰科鲁兹维修手册	用于查阅拆装工艺和数据

任务实施

1. 拆卸变速器输入轴和主轴

1）拆卸换挡控制壳体

用10 mm六角套筒、接杆、指针式扭力扳手拆卸换挡控制壳体紧固螺栓①，取下换挡控制壳体②和衬垫③，衬垫不可重复使用。

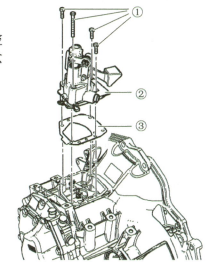

2）拆卸变速器盖

用12 mm六角套筒、接杆、指针式扭力扳手拆卸变速器盖紧固螺栓①和②，取下变速器盖③和衬垫④，衬垫不可重复使用。

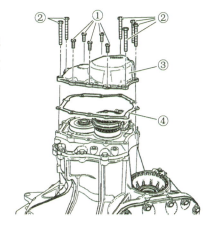

3）拆卸变速器壳体

将变速器换至二挡，用10 mm六角套筒、接杆、指针式扭力扳手拆卸变速器壳体紧固螺栓①，将变速器壳体②连同输入、输出轴和齿轮一起拆下，取下衬垫③，衬垫不可重复使用。

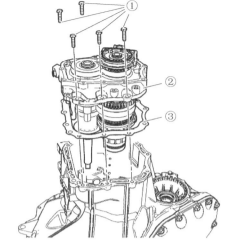

4）安装变速器夹具

将DT-113-2-A夹具②安装到已经支撑好的工作台上，并确保安全可靠；用锁销③将DT-552夹具①固定在工作台夹具DT-113-2-A夹具②上用以固定变速器。将变速器换至倒挡，把变速器壳体连同输入、输出轴和齿轮一起安装到DT-552夹具①上。

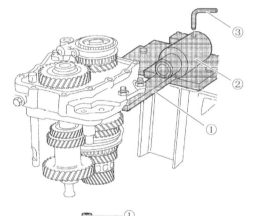

5）拆卸五挡换挡拨叉

用8 mm内六角扳手拆卸五挡拨叉螺栓①，取下五挡换挡拨叉②和垫块③。

6）拆卸五挡同步器

使用卡簧钳拆卸卡环①，用带轴承拔出器支脚的CH-161-B轴承拔出器拉出五挡同步器②。

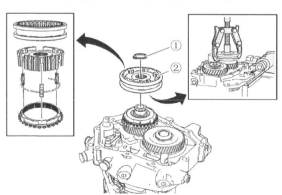

7）拆卸五挡从动齿轮

依次拆卸五挡从动齿轮同步器环①、五挡从动齿轮②、五挡从动齿轮轴承③、五挡齿轮卡环④和止推垫圈（2片）⑤。

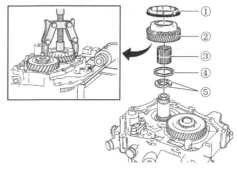

8）拆卸五挡输入齿轮

使用卡簧钳拆卸五挡输入齿轮卡环①，用DT-553-A五挡齿轮拔出器拉出五挡输入齿轮②。

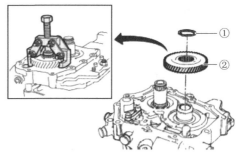

9）拆卸五挡联锁杆

用8 mm内六角扳手拆卸五挡联锁杆紧固螺栓①，取下五挡联锁杆②。

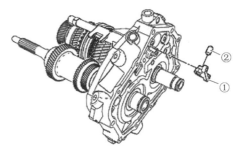

10）拆卸换挡轴止动杆

使用DT-7004滑锤和DT-42469换挡杆拆卸工具，拆卸3个换挡轴止动杆①和换挡轴止动弹簧盖②，取下倒挡换挡轴止动弹簧③、1挡和倒挡同步器固定件④。

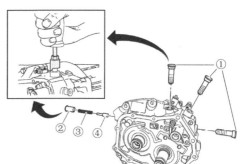

11）拆卸倒挡换挡拨叉

拆卸倒挡换挡拨叉销①，拔出倒挡换挡轴②，取下倒挡换挡拨叉③。

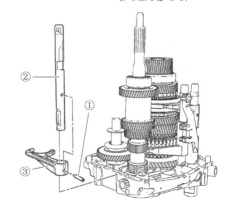

12）拆卸换挡轴互锁销连接器螺栓

用10 mm六角套筒、接杆、指针式扭力扳手拆下换挡轴互锁销连接器固定螺栓①。

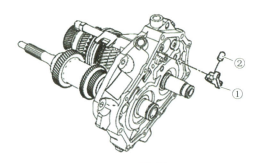

13）拆卸三、四挡换挡轴和拨叉、五挡换挡联锁

拆下三、四挡换挡拨叉销②，三、四挡换挡轴③和换挡拨叉④，分解五挡换挡联锁⑤。

提示：
①⑦是离合器轴叉衬套，⑥是五挡换挡轴衬套。

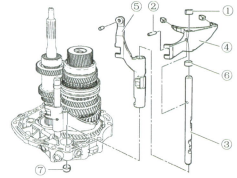

14）拆卸换挡轴互锁销连接器

拆下换挡轴互锁销②，取下换挡轴互锁销连接器①。

15）拆卸一、二挡换挡拨叉

拆卸一、二挡换挡拨叉销②，取下一、二挡换挡轴③和一、二挡换挡拨叉④。

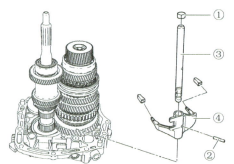

16）拆卸输入轴和主轴

压紧卡环固定主轴并用DT-36633卡环固定件将其固定；使用卡环钳使卡环在输入轴①底部保持打开。

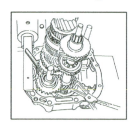

17）拆卸变速器磁铁

将变速器磁铁①从变速器壳体上拆下。

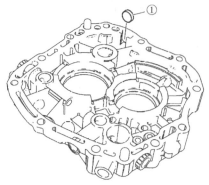

2. 安装变速器输入轴和主轴

1）安装变速器磁铁

将变速器磁铁①装到变速器壳体上。

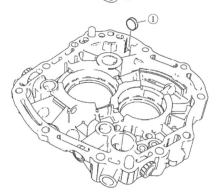

2）安装输入轴和主轴

在主轴底部压紧卡环,并使用DT-36633卡环固定件将其固定。使用卡环钳使卡环在输入轴①底部保持打开。将输入轴/主轴总成安装至变速器壳体上。释放主轴卡环和输入轴卡环。

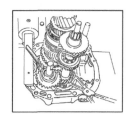 

3）安装一、二挡换挡拨叉

将一、二挡换挡轴②和一、二挡换挡拨叉①装到变速器壳体上,插上一、二挡换挡拨叉销③。

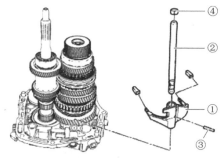

4）安装换挡轴互锁销连接器

装上换挡轴互锁销连接器①,插上换挡轴互锁销②。

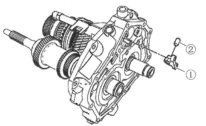

5)安装三、四挡换挡拨叉和五挡换挡联锁

先将五挡换挡联锁①装至三、四挡换挡轴②,再将三、四挡换挡轴②和换挡拨叉④安装到变速器壳体,插上三、四挡换挡拨叉销⑤。

提示:⑥和③是离合器轴叉衬套。

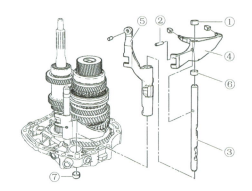

6)安装换挡轴互锁销连接器螺栓

用10 mm六角套筒、接杆、指针式扭力扳手安装换挡轴互锁销连接器固定螺栓①,拧紧力矩为7 N·m。

7)安装倒挡换挡拨叉

安装倒挡换挡拨叉①和倒挡换挡轴②,按图示位置插上倒挡换挡拨叉销③。

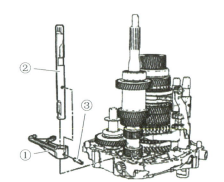

8)安装换挡轴止动杆

将1挡和倒挡同步器固定件①、倒挡换挡轴止动弹簧②装入变速器壳体,用换挡轴止动弹簧盖③固定;将3个换挡轴止动杆④固定于壳体上。

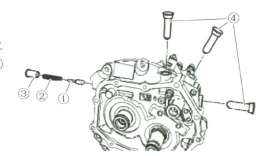

9)五挡联锁杆的安装

将五挡联锁杆①装到壳体上,用10 mm六角套筒、接杆、指针式扭力扳手将五挡联锁杆紧固螺栓②固定,拧紧力矩为7 N·m。

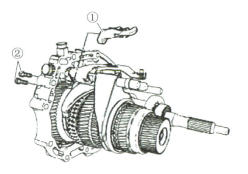

项目六　传动系拆装　185

10）安装五挡齿轮

将输入轴、主轴和壳体置于CH-334安装工具套管上，使用DT-554安装工具将前进挡五挡输入齿轮①在液压机上压入，用卡环钳安装五挡输入主动齿轮卡环②。

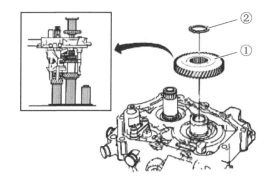

11）安装五挡从动齿轮

依次安装止推垫圈（2片）①、五挡齿轮卡环②、五挡从动齿轮轴承③、五挡从动齿轮④和五挡从动齿轮同步器环⑤。

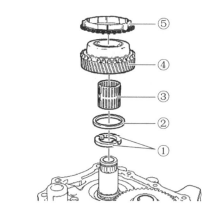

12）安装五挡同步器

仍将输入轴、主轴和壳体置于CH-334安装工具套管上，使用DT-554安装工具将五挡齿轮同步器①在液压机上压入，用卡环钳安装五挡齿轮同步器卡环②。

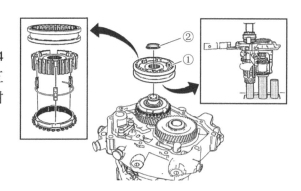

13）安装五挡换挡拨叉

将五挡换挡拨叉垫块①装至五挡换挡拨叉②上，然后安装到五挡同步器接合套，用8 mm内六角套筒、接杆、指针式扭力扳手将2只螺栓③固定，拧紧力矩22 N·m。

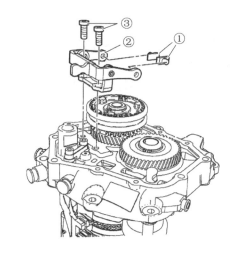

14）拆卸变速器安装夹具

拔出锁销①，将变速器和DT-552夹具①一起从工作台夹具DT-113-2-A夹具上取下。

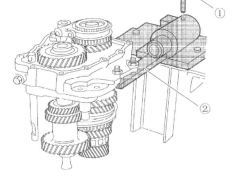

15）安装变速器壳体

更换变速器壳体衬垫①，将变速器壳体②连同输入、输出轴和齿轮一起装入离合器壳体，用10 mm六角套筒、接杆、指针式扭力扳手将螺栓③紧固，拧紧力矩22 N·m。

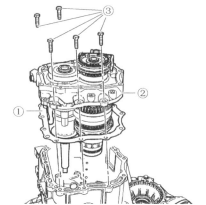

16）安装变速器盖

更换变速器盖衬垫①，用12 mm六角套筒、接杆、指针式扭力扳手将螺栓③、④将变速器盖②装至变速器壳体上，用螺栓拧紧力矩18 N·m。

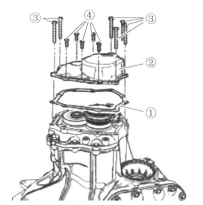

17）安装换挡控制壳体

更换换挡控制壳体衬垫①，在变速器处于空挡位置时，装入换挡控制壳体②，用10 mm六角套筒、接杆、指针式扭力扳手将螺栓③紧固，拧紧力矩22 N·m。

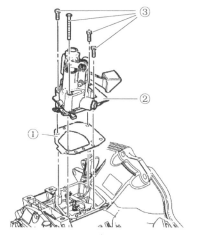

3. 分解变速器输入轴和主轴

1) 拆卸输入轴轴承座螺栓

用卡环钳拆下输入轴螺栓卡环①,拆下输入轴轴承座螺栓②。

2) 拆卸输入轴齿轮组

将输入轴齿轮组①置于DT-22912-B通用轴承拔出器上,用液压机压出输入轴。

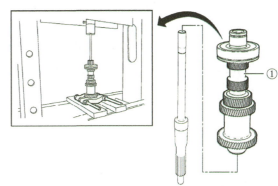

3) 拆卸输入轴轴承

用液压机将置于DT-22912-B通用轴承拔出器上的输入轴轴承①压出。

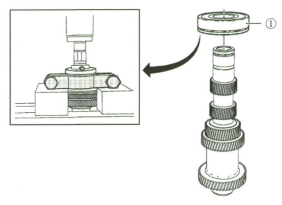

4) 拆卸主轴后轴承

用液压机将置于DT-22912-B通用轴承拔出器上的主轴后轴承①压出。

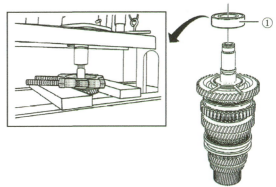

5）拆卸一挡齿轮

使用卡环钳拆下主轴后轴承卡环①，依次取下一挡齿轮止推垫圈②、一挡齿轮止推轴承③、一挡齿轮④和一挡齿轮轴承⑤。

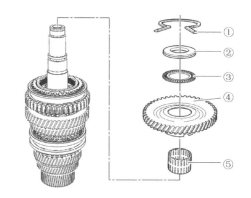

6）拆卸二挡和三挡齿轮

使用卡环钳拆下一二挡齿轮同步器毂卡环①，取出一二挡齿轮同步器毂止推垫圈②，使用DT-22912-B通用轴承拔出器在液压机上同时压出一二挡同步器总成③和二挡齿轮④，依次取下二挡齿轮轴承⑤、三挡齿轮止推垫圈（2片）⑥、三挡齿轮卡环⑦、三挡齿轮⑧和轴承⑨。

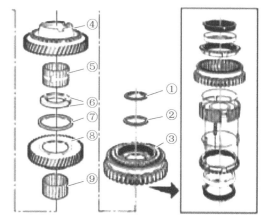

7）拆卸三挡和四挡同步器

使用DT-22912-B通用轴承拔出器在液压机上同时压出三、四挡同步器总成①和四挡齿轮②，取下四挡齿轮轴承③。

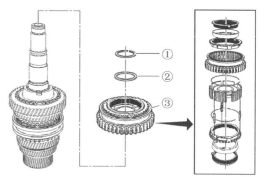

8）拆卸主轴前轴承

依次取下四挡齿轮卡环①、主轴止推垫圈（2片）②、主轴前轴承③。

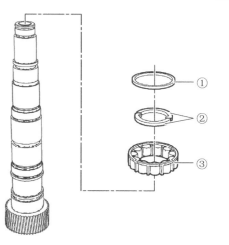

4. 组装输入轴和主轴

1) 安装主轴前轴承

依次安装主轴前轴承①、主轴止推垫圈（2片）②、四挡齿轮卡环③至主轴上。

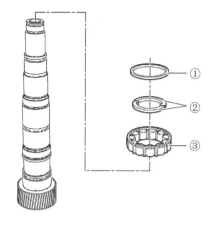

2) 安装四挡齿轮

将四挡齿轮轴承①和四挡齿轮②安装到主轴上。

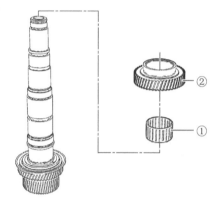

3) 安装三挡和四挡同步器

使用J-44907轴承安装工具在液压机上安装三挡和四挡同步器①。

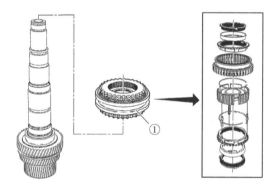

4) 安装二挡和三挡齿轮

依次安装三挡齿轮轴承①、三挡齿轮②、三挡齿轮卡环③、三挡齿轮止推垫圈（2片）④、二挡齿轮轴承⑤和二挡齿轮⑥。

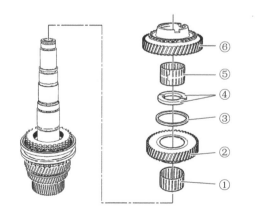

5)安装一挡和二挡同步器

使用DT-48238五挡输入齿轮安装工具在液压机上安装一挡和二挡同步器总成①,装上一挡和二挡齿轮同步器毂止推垫圈②,使用卡环钳安装一挡和二挡齿轮同步器毂卡环③。

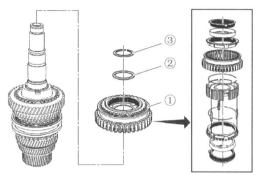

6)安装一挡齿轮

依次安装一挡齿轮轴承①、一挡齿轮②、一挡齿轮止推轴承③和一挡齿轮止推垫圈④,用卡环钳装妥主轴后轴承卡环⑤。

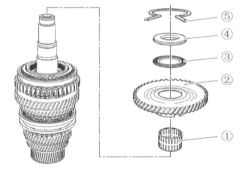

7)安装主轴后轴承

使用液压机将主轴后轴承①装至主轴。

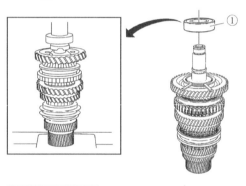

8)安装输入轴轴承

使用液压机将输入轴轴承①压至输入轴齿轮组总成上。

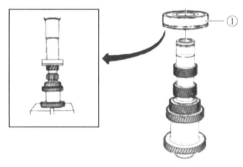

9)安装输入轴齿轮组

将输入轴齿轮组总成①在液压机上压入输入轴。

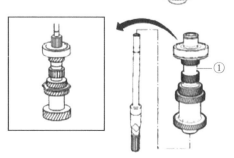

10）安装输入轴轴承座螺栓

用 10 mm 六角套筒、接杆、指针式扭力扳手拧入输入轴轴承座螺栓①，拧紧力矩为 15 N·m，使用卡环钳安装输入轴螺栓卡环②。

拓展学习

看一看

通用别克汽车自动变速器（4T65E）的结构特点

自动变速器的自动控制是靠液压系统来完成。液压系统由动力源、控制机构、执行机构三部分组成。动力源是被液力变矩器驱动的油泵，它除了向控制器提供冷却补偿油液，并使其内部具有一定压力，除此之外还向行星齿轮变速器提供润滑油。结构如图 6-32 所示。

液力传动系统：液力变矩器或液力耦合器连接发动机和齿轮变速系统，在功能上相当于机械式离合器。由于液力耦合器不能改变转矩的大小，且不能使发动机与传动系彻底分离，已基本被淘汰。

机械式齿轮变速系统：多数是行星齿轮机构，也有少数是固定轴线式齿轮机构。一般具有 4～6 个挡的自动变速器至少需要 2 组行星齿轮机构，7～9 个挡的自动变速器至少需要 3 组行星齿轮机构。

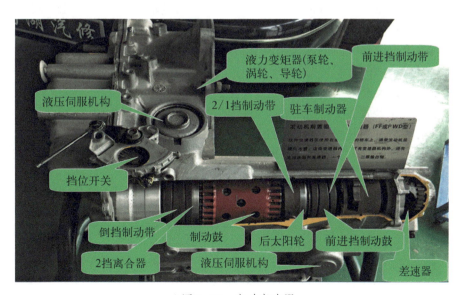

▲图 6-32　自动变速器

液压操纵系统：液压油在油泵的驱动下，推动各种离合器和制动器，使变速器自动地换入各个挡位。

电子控制系统：传感器测出车速、发动机负荷等参数，转换为电信号。电子控制单元（ECU）根据这些信号做出是否需要换挡的判断。

试一试

通用别克汽车自动变速器（4T65E）的拆装

运用已学习的知识和操作技能，尝试在参阅汽车维修手册之后，对自动变速器进行拆装作业；在作业过程中认识自动变速器结构以及与相关零部件的连接关系。

练习与检测

1. 判断题

(1) 变速器第一轴与第二轴相互平行且在同一条直线上，因此，第一轴转动第二轴也随着转动。（　　）

(2) 变速器倒挡传动比数值设计得较大，一般与一挡传动比数值相近。这主要是为了倒车时，汽车应具有足够大的驱动力。（　　）

(3) 变速器的某一挡位的传动比既是该挡的降速比，也是该挡的增矩比。（　　）

(4) 变速器按传动比级数不同可分为有级式、无级式和综合式三种。（　　）

(5) 按照传动方式不同变速器可分为普通齿轮式和液力机械式。（　　）

2. 单选题

(1) 安装输入轴轴承座螺栓的拧紧力矩为（　　）。
　　A. 10 N·m　　　　B. 15 N·m　　　　C. 20 N·m　　　　D. 25 N·m

(2) 变速器内部操纵机构不包括以下哪个部件（　　）。
　　A. 选挡换挡轴　　B. 拨叉轴　　　　C. 齿轮轴　　　　D. 拨叉

(3) 防止变速器自动跳挡的措施不包括以下哪种方法。（　　）
　　A. 接合套和接合齿圈的齿端制成倒斜面
　　B. 花键毂齿端的齿厚切薄
　　C. 安装自锁装置
　　D. 安装互锁装置

(4) 当传动比 $i>1$ 的时候，变速器输出动力变化为（　　）。
　　A. 降速增扭　　　B. 增速降扭　　　C. 降速降扭　　　D. 增速增扭

3. 思考题

尝试编制自动变速器4T65E拆装工艺步骤和要点。

模块三　离合器拆装

学习目标

- 掌握离合器的结构。
- 了解离合器的功用。
- 能描述离合器的工作原理。
- 具有严谨的离合器拆装质量意识和安全意识。
- 具有良好的技术交流、团队合作和环境保护意识。

学习导入

汽车从起步到正常行驶的整个过程中,驾驶员可根据需要操纵离合器,使发动机和传动系暂时分离或逐渐接合,以切断或传递发动机向传动系输出的动力。它的作用是使发动机与变速器之间能逐渐接合,从而保证汽车平稳起步;暂时切断发动机与变速器之间的联系,以便于换挡和减少换挡时的冲击;当汽车紧急制动时能起分离作用,防止变速器等传动系过载,从而起到一定的保护作用。

离合器类似于开关,接合或断离动力传递作用,离合器机构其主动部分与从动部分可以暂时分离,又可以逐渐接合,并且在传动过程中还要有可能相对转动。离合器的主动件与从动件之间不可采用刚性联系。任何形式的汽车都有离合装置,只是形式不同而已。

在汽车行驶过程中,驾驶员可根据需要踩下或松开离合器踏板,使发动机与变速箱暂时分离和逐渐接合,以切断或传递发动机向变速器输入的动力。离合器是机械传动中的常用部件,可将传动系统随时分离或接合。对其基本要求有:接合平稳,分离迅速而彻底;调节和修理方便;外廓尺寸小;质量小;耐磨性好和有足够的散热能力;操作方便省力。汽车上常用为(干式或湿式)摩擦片式离合器。

任务　离合器拆装

任务描述

有一辆雪佛兰科鲁兹汽车的用户反映,经常能闻到一股"臭鸡蛋"味,上坡时感觉动力不足,往常轻而易举能上的坡,现在需要踩大油门才能爬上去,而且车身振动明显。经维修人员检查后初步判断,挂挡后踩住制动踏板,松抬离合器踏板后汽车并未迅速熄火,检查离合器踏板自由行程,发现不符合规定值。与该车驾驶员询问中发现,车主有常半联动开车的习惯,为了进一步找到故障原因,需要对该车离合器进行拆卸检查。现请你根据维修资料,使用专用、通用工具对离合器进行拆装;并在拆装作业过程中,认识离合器的结构特点以及相互之间关系,掌握其功用和原理。

任务准备

一、知识准备

1. 离合器的功用

(1) 平顺接合动力,保证汽车平稳起步,采用半联动(滑移);

(2) 临时切断动力,保证换挡时工作平顺,易于齿轮的分离合结合;

(3) 防止传动系统过载,会自动打滑起到保护作用。

2. 摩擦式离合器

1) 摩擦式离合器的结构

汽车上使用最多的是摩擦式离合器,主要由压板总成、从动盘总成、飞轮等组成,如图6-33(a)组成。

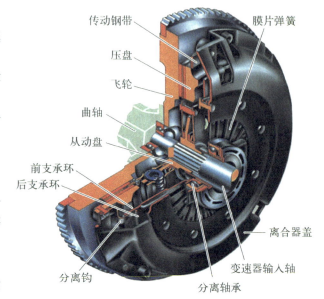

▲图6-33(a) 离合器结构图

2) 摩擦式离合器的工作原理

摩擦离合器依靠摩擦原理传递发动机动力。当从动盘与飞轮之间有间隙时,飞轮不能带动从动盘旋转,离合器处于分离状态。当压紧力将从动盘压向飞轮后,飞轮表面对从动盘表面的摩擦力带动从动盘旋转,离合器处于接合状态,如图6-33(b)所示。

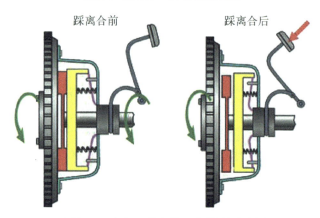

▲图6-33(b) 离合器工作原理示意图

3) 对摩擦式离合器的基本性能要求

(1) 分离彻底,便于变速器换挡;

(2) 接合柔和,保证整车平稳起步;

(3) 从动部分转动惯量尽量小,减轻换挡时齿轮的冲击;

(4) 散热良好,保证离合器正常工作;

(5) 操纵轻便;

(6) 保证发动机最大输出。

4) 摩擦式离合器的类型

按从动盘的数目分类:

(1) 单盘式离合器只有一个从动盘。

(2) 双盘式离合器有两个从动盘,摩擦面数目多,可传递的转矩较大。

按压紧弹簧的结构形式分类:

(1) 螺旋弹簧离合器压紧弹簧是常见的螺旋弹簧,又分为圆周均布螺旋弹簧式和中央螺旋弹簧式。

(2) 膜片弹簧离合器压紧弹簧是膜片弹簧。

3. 膜片弹簧式离合器

膜片弹簧离合器油推式和拉式两种。优点:

(1) 结构紧凑、尺寸小、重量轻,膜片既是压紧装置又是分离杠杆;

(2) 使用寿命长;

(3) 工作稳定,操作方便。

1) 膜片弹簧式离合器结构组成

膜片弹簧式离合器由主动部分总成、从动部分、压紧装置和操纵机构等,如图6-34所示。

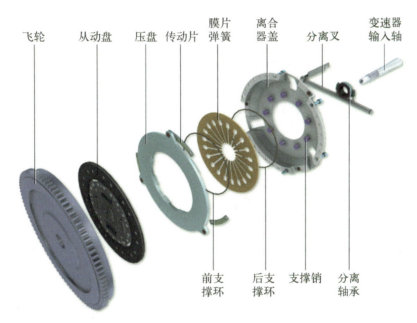

▲图6-34 膜片弹簧式离合器结构

(1) 主动部分:压盘、离合器盖、传动片等;

(2) 从动部分:从动盘、从动轴(即变速器第一轴);

(3) 压紧部分:膜片弹簧;

(4) 操纵机构:分离杠杆、分离叉、分离套筒、分离轴承、离合器踏板等。

2) 膜片弹簧式离合器工作原理

(1) 接合状态。当离合器盖总成被固定到飞轮上时,膜片弹簧大端受压并产生位移,对压盘产生压力,使从动盘摩擦片被压紧在飞轮和压盘之间,此时离合器处于接合状态,如图6-35所示。

(2) 分离过程。当分离离合器时,借助踏板机构的操纵使分离轴承前移,推动离合器膜片弹簧小端前移,膜片弹簧以支撑环为支点顺时针转动,膜片弹簧大端后移,通过分离钩拉动压盘离开从动盘于是完成了分离动作,使离合器处于分离状态,如图6-35所示。

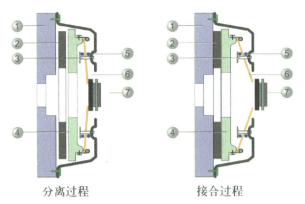

▲图6-35 膜片弹簧式离合器工作原理

（3）接合过程。逐渐松开离合器踏板，压盘在压紧弹簧的作用下向前移动，首先消除分离间隙，并在压盘、从动盘和飞轮工作表面上作用足够的压紧力；之后分离轴承在复位弹簧的作用下向后移动，产生自由间隙，离合器接合。

自由间隙：离合器接合时，分离轴承前端面与分离杠杆端头之间的间隙。

离合器踏板自由行程：从踩下离合器踏板到消除自由间隙所对应的踏板行程是自由行程。

离合器踏板工作行程：消除自由间隙后，继续踩下离合器踏板，将会产生分离间隙，此过程所对应的踏板行程是工作行程。

4. 带扭转减振器的从动盘

1）带扭转减振器从动盘的结构组成

从动盘主要由从动盘本体、摩擦片和从动盘毂组成，如图6-36所示。带扭转减振器从动盘可以防传动系共振、过载。因为转速和转矩的变化及行驶中产生的振动会减小传动系使用寿命。

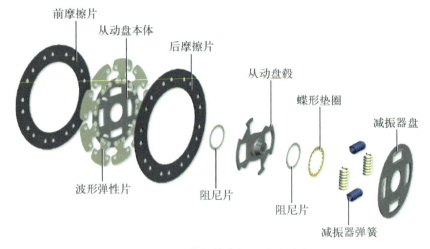

▲图6-36 带扭转减振器的从动盘

2）带扭转减振器从动盘的工作原理

带扭转减振器从动盘的动力传递顺序是：从动盘本体→减振器弹簧→从动盘毂，如图6-37所示。

5. 操纵机构

1）机械式操纵机构

离合器踏板和分离轴承之间通过机械杆件和绳索相连，如图6-38所示。

2）液压式操纵机构

离合器踏板和分离轴承之间通过主缸、工作缸及液压管路相连，离合器依靠人力产生的液压力控制，如图6-39所示。

项目六 传动系拆装 | 197

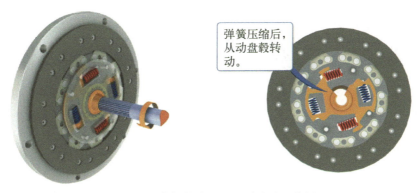

▲图6-37 带扭转减振器从动盘的工作原理

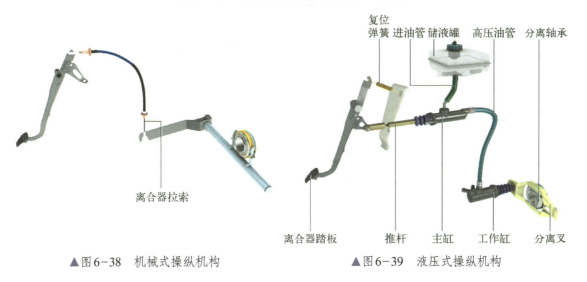

▲图6-38 机械式操纵机构　　　　▲图6-39 液压式操纵机构

二、器材准备

名　　称	图	用　　途
科鲁兹1.6 L LDE 离合器总成		用于离合器的拆装
常用工具(一套)		用于拆装一般连接螺栓

（续表）

名　称	图	用　途
指针式扭力扳手 定扭矩扳手		用于紧固定扭矩螺栓
离合器压缩器		用于压缩离合器膜片弹簧
飞轮固定工具		用于固定飞轮
对中导管		用于飞轮与离合器的对中
雪佛兰科鲁兹 1.6 L LDE 维修 手册	2015款雪佛兰科鲁兹维修手册	用于查阅拆装工艺和数据

任务实施

1. 拆卸离合器压盘和从动盘

1）拆下变速器

2）将EN-652固定工具①安装至发动机缸体，用以固定飞轮

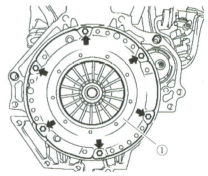

3）将与DT-6263-1支架配合使用的DT-6263拆卸工具/安装工具①连接至发动机缸体

4）使用10 mm六角套筒、接杆、棘轮扳手将4个螺栓（箭头处）安装至发动机缸体，但不要紧固

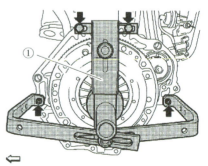

> **注意事项**
>
> ◇ 为避免损坏压盘弹簧片末端,用DT-6263拆卸工具/安装工具拆卸和安装离合器压盘。
> ◇ 记录托架的不同长度,以便将DT-6263拆卸工具/安装工具连接至发动机缸体下方。

5)将所需离合器对中导管⑤连接至DT-6263-30冲子④。

6)紧固DT-6263拆卸工具/安装工具

(1)通过DT-6263拆卸工具/安装工具将与离合器对中导管配合使用DT-6263-30中心冲子②插入离合器压盘和曲轴中心(箭头处)。

(2)用13 mm六角套筒、接杆、棘轮扳手紧固滚花轮①。

(3)用10 mm六角套筒、接杆、棘轮扳手紧固螺栓③。

(4)用10 mm六角套筒、接杆、棘轮扳手紧固将DT-6263拆卸工具/安装工具安装至发动机缸体的4个螺栓。

7)使用DT-6263拆卸工具/安装工具预载离合器弹簧

(1)转动螺杆①直至其靠近离合器压盘的弹簧片。

(2)测量距离a。

提示:不要过度旋转,留出离合器盘自由运动的空间即可。

(3)顺时针转动螺杆直至延长大约8 mm距离。

(4)检查离合器盘是否自由运动。

提示:确认装配螺栓时是否涂抹螺纹锁止胶。

8)拆下并报废6个离合器压盘螺栓①。

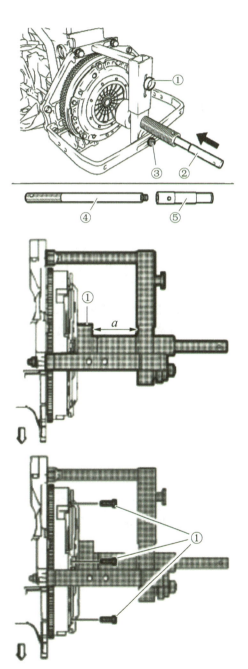

9）松开DT-6263拆卸工具/安装工具②

(1) 逆时针转动DT-6263拆卸工具/安装工具的螺杆①直至停止。

(2) 拆下与离合器对中导管（箭头处）配合使用的DT-6263-30中心冲子③。

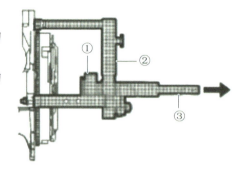

10）拆下离合器压盘①和离合器从动盘②。

提示： 离合器压盘和从动盘被异物（油、清洁剂等）污染，必须更换。检查毂侧面的离合器从动盘是否损坏或有灰尘，必要时进行更换。

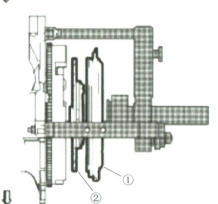

11）检查离合器压盘和从动盘①并更换。

注意： 如果衬片凸起少于0.5 mm（箭头处），则必须更换离合器从动盘。

12）检查离合器衬片铆钉上的衬片是否凸起。

13）将离合器压盘滑至变速器输入轴并检查是否易于移动。

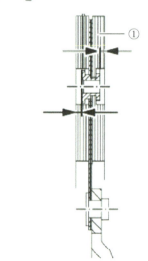

2. 安装离合器压盘和从动盘

1）将衬套①安装至曲轴。

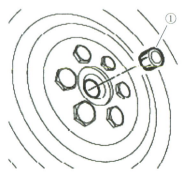

2)清理6个离合器压盘螺栓螺纹。

注意：安装离合器从动盘时必须使盘上的德国字母"etriebe-seite"（意思是齿轮箱）朝向变速器。

3)安装离合器从动盘③和离合器压盘②。使用与离合器对中导管配合使用的DT-6263-30中心冲子①对中离合器从动盘。

注意：请勿过度远离。

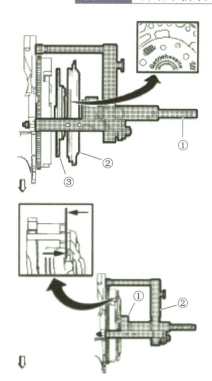

4)使用DT-6263拆卸工具/安装工具②预载离合器弹簧。顺时针转动螺杆①直至飞轮和压盘对准（箭头处）。

 注意事项

◇ 此时，装配离合器压盘螺栓时要涂抹螺纹锁止胶。维修时可能提供未密封的螺栓。此时在螺栓上涂抹螺纹锁止胶。如果紧固件未密封，则安装新的离合器压盘螺栓。请勿重复使用旧的螺栓。

5)用10 mm六角套筒、接杆、棘轮扳手安装6个新的离合器压盘螺栓①。

6)用10 mm六角套筒、接杆、指针式扭力扳手紧固离合器压盘螺栓，拧紧力矩15 N·m。

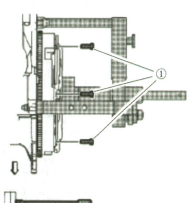

7)从发动机缸体上拆下DT-6263拆卸工具/安装工具②。

(1)逆时针转动DT-6263拆卸工具/安装工具的螺杆①直至停止。

(2)拆下与离合器对中导管（箭头处）配合使用的DT-6263-30中心冲子③。

(3)拆下将DT-6263拆卸工具/安装工具安装至发动机缸体的4个螺栓。

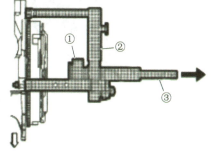

8）从发动机缸体上拆下EN-652固定工具①。

9）安装变速器。

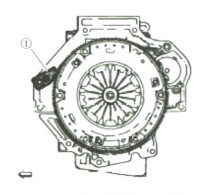

拓展学习

奥迪/大众汽车双离合变速器的结构特点

奥迪/大众汽车双离合变速器,简称DSG(英文全称：Direct Shift Gearbox),装配在赛车上,能消除换挡离合时的动力传递停滞现象。例如布加迪EB16.4 Veyron的新型7速变速器是装置了双离合器,从一个挡位换到另一个挡位,时间不会超过0.2秒。现在,这种双离合器已经从赛车应用到一般跑车上。奥迪汽车公司的新型奥迪TT跑车和新奥迪A3都已经装置了这种DSG。这些汽车装配DSG的目的是可以比自动变速器更加平顺地换挡,不会有迟滞现象。

奥迪/大众汽车双离合系统变速器是一个整体,有6个挡位,离合器与变速器装配在同一机构内,两个离合器互相配合工作,如图6-40所示。这好比喻一辆车有两套离合器,正司机控

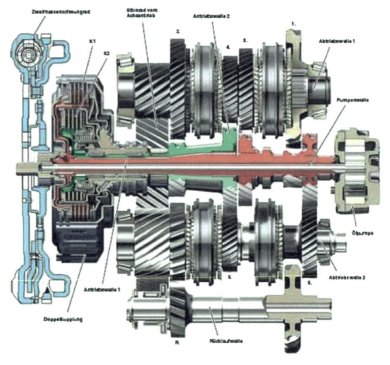

▲图6-40 双离合器变速器示意图

制一套,副司机控制另一套。正司机挂上1挡松开离合踏板起步时,这时副司机也预先挂上2挡但踩住离合踏板;当车速上来准备换挡,正司机踩住离合踏板的同时副司机即松开离合踏板,2挡开始工作。这样就省略了挡位空置的一刹那,动力传递连续,有点像接力赛。双离合系统两套离合器传动系统,通过电脑控制协调工作。

当汽车正常行驶的时候,一个离合器与变速器中某一挡位相连,将发动机动力传递到驱动轮;电脑根据汽车速度和转速对驾驶者的换挡意图做出判断,预见性地控制另一个离合器与另一个挡位的齿轮组相连,但仅处于准备状态,尚未与发动机动力相连。换挡时第1个离合器断开,同时第2个离合器将所相连的齿轮组与发动机接合。除了空挡之外,一个离合器处于关闭状态,另一个离合器则处于打开状态。

两根传动轴分别由第一、第二离合器控制与发动机动力的连接与断开,分别负责1、3、5挡和2、4、6挡的挡位变换。考虑到零件使用寿命,设计人员选择了油槽膜片式离合器,离合器动作由液压系统来控制。

试一试

奥迪/大众汽车双离合变速器的拆装

运用已学习的知识和操作技能,尝试在参阅汽车维修手册之后,对奥迪/大众汽车双离合变速器进行拆装作业;在作业过程中认识双离合变速器结构以及与相关零部件的连接关系。

练习与检测

1. 判断题

(1) 离合器的功用是平顺接合动力,保证汽车平稳起步。　　　　　　　　(　　)
(2) 汽车上使用最多的是摩擦式离合器。　　　　　　　　　　　　　　(　　)
(3) 当踩下离合器踏板时,摩擦片与飞轮分离。　　　　　　　　　　　　(　　)
(4) 对离合器的要求包括:分离彻底、接合柔和,操作轻便,散热良好,减轻换挡冲击和保证发动机最大输出。　　　　　　　　　　　　　　　　　　　　(　　)
(5) 按照从动盘的数目可将离合器分为单片式和双片式离合器。　　　　　　(　　)

2. 单选题

(1) 轿车装用的离合器多采用(　　)作为压紧装置。
　　A. 螺旋弹簧　　　　B. 膜片弹簧　　　　C. 钢板弹簧　　　　D. 扭杆弹簧
(2) 离合器主动部分不包括(　　)。
　　A. 离合器盖　　　　B. 离合器压盘　　　C. 传动钢片　　　　D. 摩擦盘
(3) 离合器从动部分是(　　)。
　　A. 离合器盖　　　　B. 离合器压盘　　　C. 传动钢片　　　　D. 摩擦盘
(4) 离合器从动盘不包括(　　)。
　　A. 从动盘本体　　　B. 摩擦片　　　　　C. 膜片弹簧　　　　D. 从动盘毂

3. 思考题

尝试编制奥迪/大众汽车双离合变速器拆装工艺步骤和要点。

项目七 行驶系统拆装

项目导学

汽车发动机的动力经过离合器、变速器、万向传动装置、驱动桥、半轴等部件的变速、变扭、变向后,最终的目的是传递到车轮上,驱动汽车行驶。那么能接受这个力并且使汽车行驶起来的一系列部件统称为汽车的行驶系统。

车轮是直接和地面接触的部件,由于其工作原理是通过与地面的摩擦力使车辆向前或向后移动,属于易耗品,定期检查车辆轮胎是日常保养中的项目,当发现轮胎使用情况超过其安全使用要求时,必须对轮胎进行更换作业,以确保车辆的行驶安全。

在车辆的行驶过程中,不断接收到地面对车辆的反作用力,使车辆不停地振动,为了使车内乘客的舒适性要求能得到保证,提高车辆的平顺性,悬架系统在其中起到了重要的作用,缓冲地面不平对车辆的冲击力。由于其组件长期在受力环境下工作,难免出现故障,所以悬架系统的维修是我们维修作业中经常会碰到的工作内容。

本项目主要通过对行驶系统主要机件的拆装作业,认识以及理解主要机件的结构、相互连接关系以及其工作原理。

本项目的主要任务如图7-1所示。

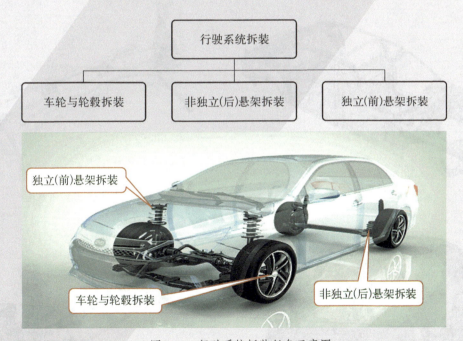

▲图7-1 行驶系统拆装任务示意图

汽车行驶系的主要功用是:将汽车构成一个整体;承受汽车总质量;借助驱动轮与路面的附着作用,将传动系传来的转矩转化为汽车行驶的驱动力;传递并承受路面作用于车轮上的各种力和力矩；缓和不平路面对汽车产生的冲击，减小汽车在行驶中的振动，保证汽车平顺行驶。

其主要由车架、车桥、悬架和车轮组成。如图7-2所示。

（1）车架是连接在各车桥之间形似桥梁的一种结构，是整个汽车的安装基础。如图7-3所示。

（2）车桥的功用是传递车架或承载式车身与车轮之间各方向的作用力。如图7-4所示。

（3）车轮是外部装轮胎，中心装车轴并承受负荷的旋转部件，由轮毂、轮辋和轮辐组成。如图7-5所示。

（4）悬架是车架与车桥之间一切传递动力连接装置的统称。如图7-6所示。

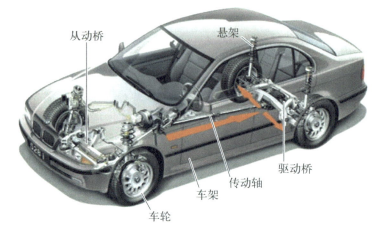

▲图7-2　汽车行驶系统示意图

▲图7-3　车架示意图

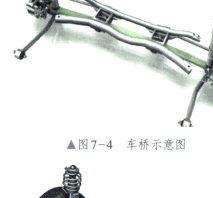

▲图7-4　车桥示意图

▲图7-5　车轮示意图

▲图7-6　悬架示意图

模块一　车轮与轮毂拆装

学习目标

- 掌握车轮与轮毂的结构和原理。
- 能正确使用工具和设备完成车轮拆装项目。
- 具有严谨的车轮与轮毂拆装的安全意识。
- 具有良好的技术交流、团队合作和环境保护意识。

学习导入

在汽车行驶过程中，车轮支承汽车及乘员、货物总质量；保证车轮和路面的附着性，以提高汽车的牵引性、制动性和通过性；与汽车悬架一同减少汽车行驶中所受到的冲击，并减轻由此而产生的振动，以保证汽车有良好的乘坐舒适性和平顺性。

当车轮的使用里程数或时间到达使用极限时，需要对汽车轮胎进行更换，以保证车辆良好的行驶动力及安全性，这时需要对车轮与轮毂进行拆装作业。此时要能清晰地认识以及理解车轮与轮毂的结构和原理。

任务　车轮与轮毂拆装

任务描述

有一辆雪佛兰科鲁兹汽车的用户反映，在其行驶中总感觉轮胎打飘。经维修人员检查后初步判断，应该是其轮胎的磨损已经到达极限。现请你根据发动机维修资料，在对轮胎进行更换作业中应做哪些操作项目。

任务准备

一、知识准备

1. 车轮

车轮用以安装轮胎和连接半轴或转向节，并用来支撑汽车质量，承受半轴或转向节传来的力矩。车轮一般由轮辋、轮毂，以及连接这两者的轮辐（轮盘）组成，如图7-7所示。

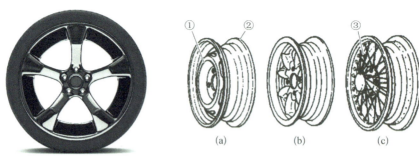

▲图7-7 车轮　　　　　　　▲图7-8 车轮类型

1）车轮的类型

按轮辐的构造,车轮可分为辐板式(a)、(b)和辐条式(c)两种。如图7-8所示。

2）轮辋

轮辋又称为钢圈,是装配和固定轮胎的基础,如图7-9所示。按照轮辋结构特点的不同,可分为深槽轮辋、平底轮辋和对开式(可拆式)轮辋三种形式。

2. 轮胎

轮胎安装在轮辋上,直接与路面接触,其功用是:支承汽车总质量;与汽车悬架共同缓和汽车行驶时所受到的冲击,以保证良好的乘坐舒适性和行驶平顺性;保证车轮与路面的良好附着,使汽车行驶平稳。

现代汽车几乎都采用充气轮胎。分类方法有很多种:

按其组成结构不同,可分为有内胎和无内胎两种;按其胎面花纹的不同,可分为普通花纹轮胎、越野花纹轮胎和混合花纹轮胎;

按其胎体内帘线排列的方向,可分为普通斜交轮胎和子午线轮胎,如图7-10所示。

▲图7-9 轮辋　　　　　　　▲图7-10 轮胎

二、器材准备

名　称	图	用　途
科鲁兹1.6L整车		用于机械系统拆装

(续表)

名　　称	图	用　　途
常用工具(一套)		用于拆装一般连接螺栓
指针式扭力扳手 定扭矩扳手		用于紧固定扭矩螺栓
雪佛兰科鲁兹 1.6 L LDE发动机 维修手册	2015款雪佛兰科鲁兹维修手册	用于查阅发动机拆装工艺和数据

任务实施

1. 车轮与轮毂拆装

1) 车轮与轮毂的拆卸

(1) 上车确认车辆手制动已拉起。

(2) 在操作作业前做好个人防护措施。

(3) 拆下车轮中心盖。

(4) 在车辆落地状态,使用Ø19 mm轮胎套筒、接杆、指针式扭力扳手按顺序预松轮胎螺栓。

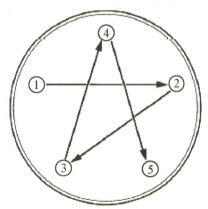

（5）确认举升位置，举升车辆，将轮胎举升至胸口位置。

注意事项

◇ 在举升机碰触车辆后，停止举升，进行举升点的二次确认，以确保举升安全。

（6）使用记号笔标记车轮相对于轮毂的位置。
（7）使用接杆和Ø19 mm轮胎套筒的组合拆下车轮螺母。
（8）将轮胎和车轮总成从车辆上拆下。

注意事项

◇ 由于车轮和轮毂/轴之间所用材料不同或者安装太紧，车轮可能难以拆下。可以通过用橡胶锤轻轻地敲打轮胎侧面将其拆下车辆。不遵循此说明可能会导致车轮损坏。

2）车轮与轮毂的安装
（1）清除车轮和轮毂安装面上的所有锈蚀或异物。
（2）清洁车轮双头螺栓和车轮螺母上的螺纹。
（3）为防止中间座椅卡入车轮，安装之前用轴承油脂轻轻涂抹在轮辋的内侧中间座椅上。

注意事项

◇ 千万不要润滑车轮螺母、双头螺栓和支座面，或者向其抹油。车轮螺母、双头螺栓或支座面必须清洁干燥。紧固润滑过的零件会损害车轮双头螺栓。这将导致车辆行驶时车轮脱落，造成车辆失控并很可能伤人。

（4）安装轮胎和车轮总成。将车轮定位标记对准轮毂。

注意事项

◇ 通过使用中间孔或车轮双头螺栓将轮盘与前轮毂对照。

（5）在举升位置安装车轮螺栓，使用接杆和Ø19 mm套筒的组合装上轮胎螺栓并进行预紧。

（6）降下车辆至完全着地。
（7）按图示顺序使用Ø19 mm轮胎套筒、接杆、定扭力扳手将车轮螺母紧固至140 N·m。

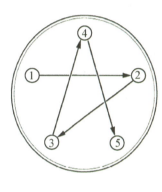

（8）安装车轮中心盖。

拓展学习

看一看

大众帕萨特汽车轮胎的拆卸

在对科鲁兹车轮的拆装中，我们可以发现，在安装车轮时，轮辋可以通过安装在法兰上的螺钉进行定位安装，再安装螺母进行紧固。但更多品牌的车辆在车轮安装时是没有螺钉进行定位的，如大众帕萨特汽车的车轮，在安装时预先要对好螺丝孔再将螺栓固定住车轮，这对安装时的预先定位观察有一定要求。

试一试

大众帕萨特汽车轮胎的拆装

运用已学习的知识和操作技能，尝试在参阅大众帕萨特汽车维修手册之后，对帕萨特汽车车辆车轮进行轮胎拆装作业，进一步掌握相关操作规范。

练习与检测

1. 判断题

(1) 安装越野车转向轮胎时,人字花纹尖端应与汽车前进的方向相反。（ ）
(2) 现在一般汽车均采用高压胎。（ ）
(3) 越野汽车轮胎的气压比一般汽车的高。（ ）
(4) 轮胎的层数是指帘布层的实际层数。（ ）
(5) 在良好的路面上行驶时,越野胎比普通胎耐磨。（ ）

2. 选择题

(1) 外胎结构中,起承受负荷作用的是（ ）。
　　A. 胎面　　　　　B. 胎圈　　　　　C. 帘布层　　　　D. 缓冲层
(2) 开式轮辋多用于（ ）汽车。
　　A. 货车　　　　　B. 越野车　　　　C. 普通轿车　　　D. 特种车辆
(3) 子午线轮胎是帘布层帘线排列方向与轮胎的子午断面成（ ）。
　　A. 90°　　　　　B. 45°　　　　　C. 60°　　　　　D. 120°
(4) 子午线轮胎的缺点是（ ）。
　　A. 胎侧较薄　　　B. 容易裂口　　　C. 制造技术要求高　D. 以上都是
(5) 不是车轮组成部分的是（ ）。
　　A. 轮辋　　　　　B. 轮毂　　　　　C. 法兰盘　　　　D. 轮辐

3. 思考题

尝试编制大众帕萨特汽车车轮拆装工艺步骤和要点。

模块二　独立（前）悬架拆装

学习目标

- 掌握独立（前）悬架结构和原理。
- 能识别独立（前）悬架零部件结构。
- 能按工艺规程对悬架进行拆装。
- 具有严谨的拆装质量意识和安全意识。
- 具有良好的技术交流、团队合作和环境保护意识。

学习导入

独立悬架的结构特点是两侧车轮各自单独地通过弹性元件与车架（或车身）相连，并且采用断开式车桥。若一侧车轮相对于车架（或车身）的位置发生变化时，另一侧车轮不受影响。这种悬架结构复杂，但车身的平稳性和高速行驶的稳定性较好，因此在轿车和小客车上得到普遍采用。如图7-11所示。

独立悬架提高了汽车行驶的平顺性、操纵稳定性和乘坐舒适性。与非独立悬架比较，它具有以下特点：

（1）在悬架弹性元件一定的变形允许范围内，两侧车轮可以单独运动而互不影响，可以减少汽车在不平路面上行驶时车架和车身的振动。

（2）减少了汽车的非簧载质量。在道路条件和车速相同时，非簧载质量愈小，则悬架所受冲击载荷也愈小。

（3）采用断开式车桥，降低了汽车质心，提高汽车的行驶稳定性；并使车轮上下运动的空间增大，因而可以将悬架刚度设计得较小，使车身振动频率降低，以改善汽车行驶的

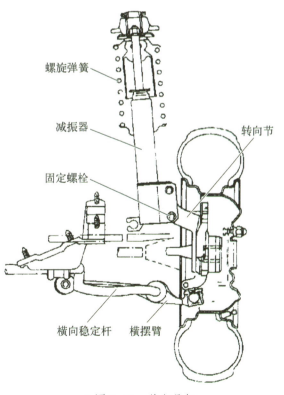

▲图7-11　独立悬架

平顺性和乘坐舒适性。

但是，独立悬架结构复杂，制造成本高，保养维修不便。

任务 独立（前）悬架拆装

任务描述

有一辆雪佛兰科鲁兹汽车的用户反映，其车辆在正常行驶中发现有前轮跑偏现象。经维修人员检查后初步判断，该车辆的前悬架可能存在前减振器损坏或变形的问题，需更换前减振器。现请你根据发动机维修资料，使用专用、通用工具对前悬架进行拆装；并在拆装作业过程中，认识前悬架特点以及相互之间关系，掌握其功用和原理。

任务准备

一、知识准备

1. 前独立悬架的组成

麦弗逊式悬挂由螺旋弹簧、减振器、三角形下摆臂组成，绝大部分车型还会加上横向稳定杆。主要结构简单的来说就是螺旋弹簧套在减振器上组成，减振器可以避免螺旋弹簧受力时向前、后、左、右偏移的现象，限制弹簧只能作上下方向的振动，并可以用减振器的行程长短及松紧，来设定悬挂的软硬及性能。

如图7-12所示为科鲁兹前悬架。其中各部件名称：传动系统和前副车架①、前稳定杆②、传动系统和前副车架后隔振垫③、前稳定杆连杆④、前悬架滑柱隔振垫总成⑤、前弹簧⑥、减振器总成⑦、转向节⑧、前轮轴承轮毂总成⑨、前下控制臂后衬套⑩、前下控制臂⑪、前下控制臂衬套⑫、传动系统和前副车架后隔振垫⑬。

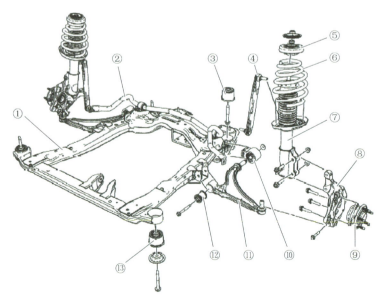

▲图7-12 科鲁兹前悬架示意图

2. 前独立悬架的工作原理

麦弗逊式独立悬架是车轮沿摆动的主销轴线移动的悬架,筒式减振器④的上端用螺栓和橡胶垫圈与车身⑤连接,减振器缸筒下端固定在转向节③上,转向节②通过球铰链与横摆臂①连接。车轮所受的侧向力通过转向节大部分由横摆臂承受,其余部分由减振器承受。如图7-13所示。

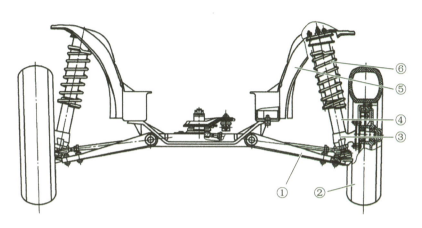

▲图7-13 麦弗逊式独立悬架示意图

二、器材准备

名　称	图	用　途
科鲁兹1.6 L整车		用于机械系统拆装
常用工具(一套)		用于拆装一般连接螺栓
指针式扭力扳手 定扭矩扳手		用于紧固定扭矩螺栓
CH-6066 KM-6066 夹具		专用工具

（续表）

名　　称	图	用　　途
CH-6068 MKM-6068 88 18 791，88 18 809， 88 18 817 弹簧夹紧工具		专用工具
CH-49375 扳手		专用工具
EN-45059 J-45059 角度测量仪		专用工具
雪佛兰科鲁兹1.6 L LDE发动机维修手册	2015款雪佛兰科鲁兹维修手册	用于查阅发动机拆装工艺和数据

任务实施

1. 滑柱总成的拆卸安装

1）拆卸滑柱总成

（1）举升和顶起车辆。

（2）拆下轮胎和车轮总成。

（3）将制动软管①从减振器上分离。

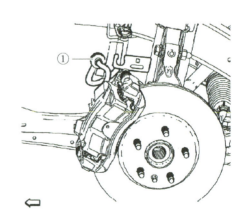

(4) 使用E18 mm套筒、接杆、指针式扭力扳手、开口扳手拆下并报废转向节螺母和螺栓①。

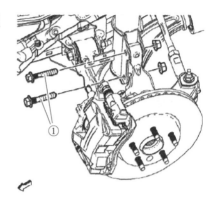

(5) 使用E18 mm套筒、接杆、指针式扭力扳手从前滑柱上拆下并报废稳定杆连杆螺母①。

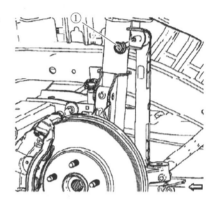

(6) 降下车辆,打开发动机舱盖拆下滑柱支座罩②。
(7) 使用CH-49375扳手拆下上滑柱支座螺母①。
(8) 拆下滑柱支座板③,将前滑柱从转向节上分离。
(9) 拆下前滑柱总成。

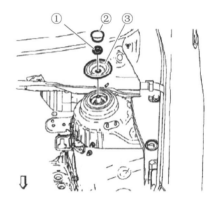

2) 安装滑柱总成
(1) 安装前滑柱总成。
(2) 安装滑柱支座板③。
(3) 使用CH-49375扳手安装上滑柱支座螺母①,并紧固至45 N·m。
(4) 安装滑柱支座罩②。

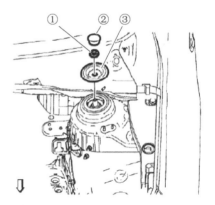

(5) 将前滑柱插入转向节。

(6) 使用 E18 mm 套筒、接杆、定扭力扳手、开口扳手安装新的转向节螺母和螺栓①,并首先紧固至 90 N·m。

(7) 使用 EN-45059 仪表将新的转向节螺母和螺栓①再转 75°紧固。

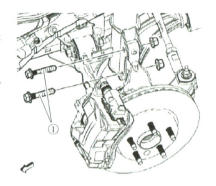

(8) 使用 E18 mm 套筒、接杆、定扭力扳手安装新的稳定杆连杆螺母①,并紧固至 65 N·m。

(9) 安装制动软管①至滑柱,安装前轮胎和车轮总成。
(10) 降下车辆,检查前端定位规格。

注意事项

◇ 应严格按照维修手册的紧固要求对每个螺栓进行紧固。

2. 滑柱、滑柱部件或弹簧的更换

1) 拆解滑柱、滑柱部件或弹簧
(1) 拆下滑柱总成。
(2) 安装滑柱至 CH-6066 夹具⑤。
(3) 使用 CH-6068 张紧器①卸去张紧弹簧④张力。
(4) 拆下滑柱螺母②。
(5) 拆下滑柱支座隔振垫垫圈③。

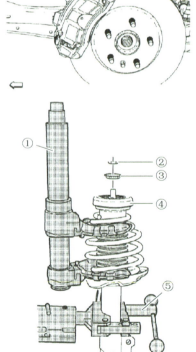

(6) 拆下滑柱支座隔振垫总成②。检查是否损坏,必要时进行更换。

(7) 拆下滑柱支座轴承总成③。检查是否损坏,必要时进行更换。

(8) 拆下减振垫④。检查是否损坏,必要时进行更换。

(9) 拆下隔振垫⑤。检查是否损坏,必要时进行更换。

(10) 使用CH-6068张紧器①拆下弹簧⑥。

(11) 使用CH-6068张紧器卸去弹簧张力。检查是否损坏,必要时进行更换。

(12) 从CH-6066夹具⑧上拆下滑柱⑦。

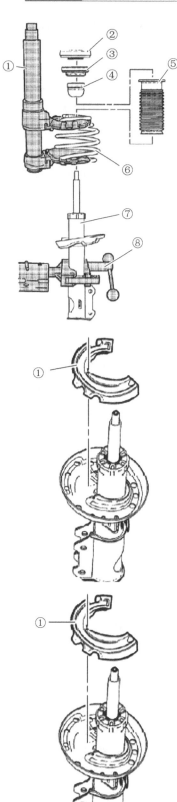

(13) 拆下下隔振垫①。检查是否损坏,必要时进行更换。

2) 装配滑柱、滑柱部件或弹簧

(1) 安装下隔振垫①。

(2) 安装滑柱⑦至CH-6066夹具⑧上。

(3) 安装弹簧⑥至CH-6068张紧器①,压缩弹簧使之释放弹簧张力。

(4) 安装弹簧⑥至滑柱⑦。

(5) 安装隔振垫⑤至滑柱⑦。

(6) 安装减振垫④至滑柱⑦。

(7) 安装滑柱支座轴承③至滑柱⑦。

(8) 安装支座隔振垫总成②至滑柱⑦。

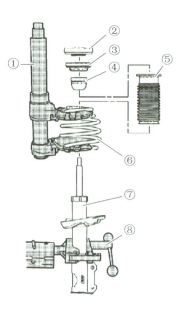

(9) 安装滑柱支座隔振垫垫圈③。

(10) 安装滑柱螺母②至滑柱轴,并紧固至70 N·m。

(11) 从弹簧④上拆下CH-6068张紧器①。

(12) 将前滑柱从CH-6066夹具⑤上拆下。

(13) 安装滑柱总成。

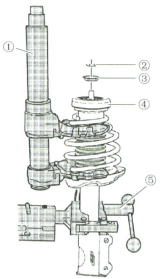

拓展学习

看一看

丰田卡凯美瑞烛式悬架结构特点

烛式悬架又称改进的麦弗逊式悬架,主销刚性地固定在悬架上,转向节与套筒连接在一起。当车轮跳动时,转向节与套筒一起沿主销轴线移动。这种悬架对于转向轮来说,在悬架变形时,主销的定位角不会发生变化,仅轮距、轴距稍有改变,因此有利于汽车的转向操纵和行驶稳定性。但是侧向力全部由套在主销上的长套筒和主销承受,则套筒与主销之间的摩擦阻力大,磨损严重。烛式悬架现已应用不多。06款凯美瑞使用的就是这种烛式悬架。如图7-14所示。

▲图7-14 烛式悬架

> 试一试

丰田卡凯美瑞独立悬架拆装

运用已学习的知识和操作技能，尝试在参阅丰田汽车维修手册之后，对凯美瑞汽车前悬架拆装；在作业过程中认识独立悬架的连接关系。

练习与检测

1. 判断题

（1）所有汽车的悬架组成都包含有弹性元件。　　　　　　　　　　　　　（　　）
（2）悬架是车架与车桥（或车轮）之间全部传力连接装置的总称。　　　　（　　）
（3）独立悬架的结构特点是两侧车轮各自单独地通过弹性元件与车架（或车身）
　　相连，并且采用断开式车桥。　　　　　　　　　　　　　　　　　　（　　）
（4）独立悬架结构简单，车身的平稳性和高速行驶的稳定性较好。　　　　（　　）
（5）减振器在汽车行驶中出现发热是正常的。　　　　　　　　　　　　　（　　）

2. 选择题

（1）悬架是由（　　）部分组成。
　　A. 弹性元件　　　　B. 减振装置　　　　C. 链接机构　　　　D. 导向机构
（2）汽车用减振器广泛采用的是（　　）。
　　A. 单向作用筒式　　B. 双向作用筒式　　C. 摆臂式　　　　　D. 阻力可调式
（3）独立悬架提高了汽车行驶的平顺性、（　　）和乘坐舒适性。
　　A. 通过性　　　　　B. 操纵稳定性　　　C. 经济性　　　　　D. 驾驶性
（4）在进行底盘操作时，工作人员需要做好（　　）防护。
　　A. 佩戴手套　　　　B. 佩戴护目镜　　　C. 穿着工作服　　　D. 穿防滑胶鞋
（5）独立悬架一般用在哪些车辆上。（　　）
　　A. 轿车　　　　　　B. 装载车　　　　　C. 半挂车　　　　　D. 以上都是

3. 思考题

尝试编制凯美瑞汽车前悬架拆装工艺步骤和要点。

模块三 非独立(后)悬架拆装

学习目标

- 掌握非独立(后)悬架结构和原理。
- 能识别非独立(后)悬架零部件结构。
- 能按工艺规程对非独立悬架进行拆装。
- 具有严谨的拆装质量意识和安全意识。
- 具有良好的技术交流、团队合作和环境保护意识。

学习导入

非独立悬架的结构特点是两侧车轮安装在一根整体式车桥上,车轮连同车桥一起通过弹性元件与车架(或车身)相连。车身的相对稳定性较差。但这种悬架结构简单、制造方便,在载重汽车上被广泛应用。如图7-15所示。

螺旋弹簧非独立悬架一般只用作轿车的后悬架,具有纵向布置方便,便于维护和保养的特点。

由于螺旋弹簧只能承受较小侧向力。因此需要加装横向推力杆和纵向推力杆。

旋弹簧套在减振器的外面,必须加装导向机构。

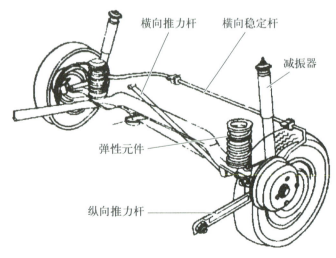

▲图7-15 非独立悬架示意图

任务 非独立(后)悬架拆装

任务描述

有一辆雪佛兰科鲁兹汽车的用户反映,在正常行驶中出现后悬架无弹性。根据反映的情况判定故障不在减振器上,经过仔细观察后发现该车后摆臂上翘,两后轮内倾,呈八字形。现请你根据发动机维修资料,使用专用、通用工具对发动机气缸盖进行拆装;并在气缸盖拆装作业过程中,认识气缸盖结构特点以及相互之间关系,掌握其功用和原理。

任务准备

一、知识准备

1. 非独立后桥的组成

螺旋弹簧非独立悬架常用轿车的后悬架,由于使用螺旋弹簧作为弹性元件,仅仅能受垂直载荷,因此,其悬架系统需要安装导向装置和减振器。轿车后悬架装置。这种后悬架装置主要由后滑柱(俗称弹簧腿)总成、后轴总成、纵臂和横向推力杆等部件组成。

如图7-16所示为科鲁兹非独立悬架,其中各部件为:后减振器上支座①、后减振器上支座②、后减振器上支座③、后减振器上支座④、减振器总成⑤、上翻转环⑥、后弹簧⑦、下翻转环⑧、后桥衬套⑨、后桥托架⑩、后轮轴承⑪、后桥⑫。

2. 非独立后桥的工作原理

左右车轮用一根整体轴③相连,纵向推力杆①的后端与车轴焊在一起,其前端头部有孔,

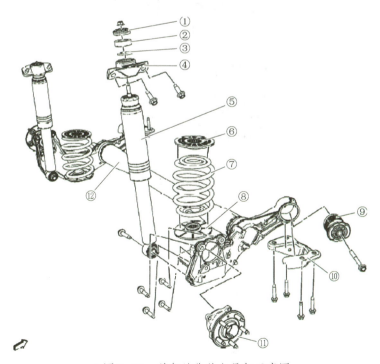

▲图7-16 科鲁兹非独立悬架示意图

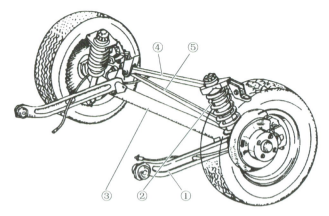

▲图7-17 非独立悬架

孔中装有橡胶衬套,连接螺栓穿过橡胶衬套与车身相连,并形成橡胶铰链点。车轮跳动时,整个后轴在汽车纵向平面内绕左右橡胶铰链中心连线摆动。与此同时,左右车轮还绕横向推力杆⑤与车身的铰链点在汽车的横向平面内摆动。由于这些铰链点都采用橡胶衬套,故可消除两个方向摆动的干涉。如图7-17所示。

二、器材准备

名 称	图	用 途
科鲁兹1.6 L整车		用于机械系统拆装
常用工具(一套)		用于拆装一般连接螺栓
指针式扭力扳手 定扭矩扳手		用于紧固定扭矩螺栓
雪佛兰科鲁兹1.6 L LDE发动机维修手册	2015款雪佛兰科鲁兹维修手册	用于查阅发动机拆装工艺和数据

任务实施

1. 减振器的更换

1）拆卸减振器

（1）举升并妥善支撑车辆。

（2）拆下轮胎和车轮总成。

（3）在靠近减振器的位置，用高千斤顶支撑后桥。

（4）使用E18 mm套筒、接杆、指针式扭力扳手拆下并报废上减振器螺栓①。

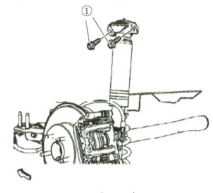

（5）使用E21 mm套筒、指针式扭力扳手拆下并报废下减振器螺栓①。

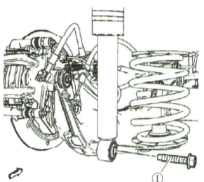

2）安装减振器

（1）将减振器放置于车辆上。

（2）使用E18 mm套筒、接杆、定扭力扳手安装新的上减振器螺栓①，并紧固至100 N·m。

（3）使用E21 mm套筒、定扭力扳手安装新的下减振器螺栓①，并紧固至150 N·m再紧固60°。

（4）拆下千斤顶。

（5）安装后轮胎和车轮总成。

（6）降下车辆。

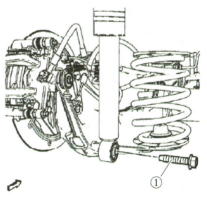

注意事项

◇ 应严格按照维修手册的紧固要求对每个螺栓进行紧固。

2. 后弹簧的更换

1）拆卸后弹簧

（1）举升并妥善支撑车辆。

（2）在靠近减振器的位置，用高千斤顶支撑后桥。

（3）使用E21 mm套筒、指针式扭力扳手拆下下减振器螺栓。

（4）使用高千斤顶，缓缓地降下后桥以便卸去后弹簧张力。

（5）拆下弹簧①。

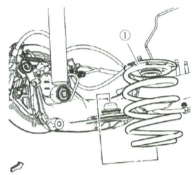

（6）下弹簧座保留在车桥上时，从弹簧上拆下上弹簧座防振垫块①。

2）安装后弹簧

（1）安装上弹簧座防振垫块①到弹簧上。

（2）安装弹簧①并确保下螺旋弹簧就位于下弹簧座。

（3）使用千斤顶，举升后桥以压缩后弹簧。

（4）使用E21 mm套筒、定扭力扳手安装下减振器螺栓。

（5）降下车辆。

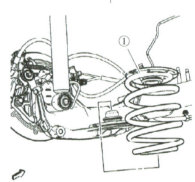

拓展学习

大众速腾多连杆悬架的结构特点

多连杆悬架是由连杆、减振器和减振弹簧组成的，连杆数量比一般悬架要多些，按惯例，一般都把4连杆或更多连杆结构的悬挂，称为多连杆。多连杆独立悬挂，可分为多连杆前悬挂和多连杆后悬挂系统。其中前悬挂一般为3连杆或4连杆式独立悬挂；后悬挂则一般为4连杆或

5连杆式后悬挂系统,其中5连杆式后悬挂应用较为广泛。优点是能实现主销后倾角的最佳位置,大幅度减少来自路面的前后方向力,从而改善加速和制动时的平顺性和舒适性,同时也保证了直线行驶的稳定性。福特福克斯、老款速腾使用的就是这种后悬架设计。如图7-18所示。

▲图7-18 多连杆悬架

试一试

大众速腾多连杆悬架拆装

运用已学习的知识和操作技能,尝试在参阅大众汽车维修手册之后,对速腾汽车后悬架拆装;在作业过程中认识多连杆悬架的连接关系。

练习与检测

1. 判断题

(1) 非独立悬架系统的结构特点是两侧车轮由一根整体式车架相连。（　　）
(2) 非独立悬架系统具有结构简单、成本低、强度高、保养容易、行车中前轮定位变化小的优点。（　　）
(3) 在车身高度降低时容易改变车轮的角度,使操控的感觉不一致。（　　）
(4) 非独立悬架系统因构造简单使设计的自由度小,操控的安定性较好。（　　）
(5) 非独立悬架系统旋弹簧套在减振器的外面,必须加装导向机构。（　　）

2. 选择题

(1) 非独立悬架系统占用的空间较小,可降低（　　）的高度。
　　A. 车架　　　　　B. 发动机　　　　C. 车底板　　　　D. 车轮
(2) 非独立悬架系统具有结构简单、成本低、强度高、（　　）、行车中前轮定位变化小的优点。
　　A. 适应性强　　　B. 载重大　　　　C. 保养容易　　　D. 性能好
(3) 非独立悬挂系统是以（　　）车轴(或结构件)联结左右二轮的悬挂方式。
　　A. 多根　　　　　B. 一根　　　　　C. 二根　　　　　D. 整体
(4) 扭力梁车轴式主要使用在（　　）的车。
　　A. 前置后驱　　　B. 后置前驱　　　C. 后置后驱　　　D. 前置前驱
(5) 非独立悬架系统左右轮在弹跳时,会相互牵连,而降低乘坐的舒适性及操控的（　　）。
　　A. 安定性　　　　B. 平顺性　　　　C. 安全性　　　　D. 经济性

3. 思考题

尝试编制卡速腾汽车后悬架拆装工艺步骤和要点。

项目八 转向系统拆装

项目导学

汽车在行驶中,驾驶员通过操纵转向盘,经过一套传动机构,使转向轮在路面上偏转一定的角度来改变其行驶方向。转向系统的性能直接影响到汽车的操纵稳定性,它对于确保车辆的安全行驶、减少交通事故及保护驾驶员的人身安全、改善驾驶员的工作条件起着重要作用。

在现代汽车上,转向系统是最基本的系统之一,也是决定汽车主动安全性的关键总成。本项目学习要求是能够对汽车转向系统的主要部件进行拆装,并通过拆装过程掌握其结构和原理。

本项目的主要任务如图8-1所示。

▲图8-1 转向系统拆装任务示意图

汽车转向系的功用是由驾驶员通过操纵转向系来改变转向轮(一般是前轮)的偏转角度实现汽车转向;克服由于路面侧向干扰力使车轮自行产生的转向,恢复汽车原来的行驶方向。汽车转向系统分为两大类:机械转向系统和动力转向系统。

机械转向系统以驾驶员的体力作为转向能源,它主要由转向操纵机构、转向器和转向传动机构三部分组成,如图8-2所示。

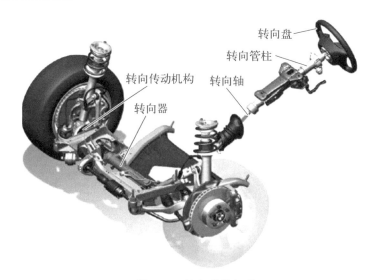

▲图8-2 转向系的组成

（1）转向操纵机构将驾驶员转动转向盘的操纵力传给转向器，由方向盘、转向轴、转向管柱等组成；

（2）转向器是转向系统中的减速传动装置，轿车上常采用齿轮齿条转向器；

（3）转向传动装置将转向器输出的力矩传递给转向节，使转向轮偏转，主要由转向横拉杆和转向节臂等组成。

模块一　转向拉杆拆装

学习目标

- 掌握转向系统的基本组成和转向原理。
- 能认识转向拉杆等零部件的结构及功用。
- 能按工艺规程对转向拉杆进行拆装。
- 具有严谨的转向拉杆拆装质量意识和安全意识。
- 具有良好的技术交流、团队合作和环境保护意识。

学习导入

在汽车行驶过程中，当出现转向沉重或有异响、转向回位较困难及转向轮抖动等现象时，表明汽车转向系统出现故障，应予以检测及维修，必要时需拆卸转向拉杆等部件。

转向传动机构将转向器输出的力传给转向轮，且使转向轮偏转角按一定的关系变化，在汽车转向中起着至关重要的作用。转向拉杆为转向传动机构的主要部件，其内端均为有孔的接头固定于拉杆支架上，外端均有一个带球头销的可调接头，用以调整车轮前束和转向角，如图8-3所示。

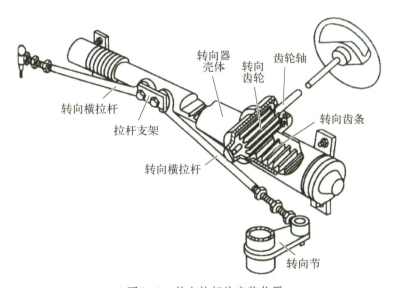

▲图8-3　转向拉杆的安装位置

转向拉杆的拆装作业是对转向传动组件以及转向器等转向系统内部机件进行检修的前期作业；同时也能清晰地认识以及理解转向传动机构的结构和原理。

任务　转向拉杆拆装

任务描述

有一辆雪佛兰科鲁兹汽车的用户反映，其在左右转弯时，转动转向盘沉重费力。经维修人员检查后初步判断，该车转向节臂变形，横拉杆弯曲，需要拆检转向拉杆进一步检测。现请你根据底盘维修资料，使用专用、通用工具对转向拉杆进行拆装；并在转向拉杆拆装作业过程中，认识转向传动机构的结构以及相互之间关系。

任务准备

一、知识准备

1. 转向系统工作原理

汽车转向时，驾驶员转动转向盘，通过转向轴、转向万向节和转向转动轴，将转向力矩输入转向器。作为传动副主动件的转向齿轮垂直安装在转向器壳体中，与转向齿轮啮合的转向齿条水平布置。在转向齿条的中部用螺栓与转向拉杆内外托架连接，借此与转向左、右横拉杆相连。当转动转向盘时，转向器齿轮转动，使与之啮合的齿条沿轴向移动，从而使左、右横拉杆带动转向节左右移动，使转向车轮偏转，以实现汽车转向。

2. 转向系参数

1）转向中心与转弯半径

汽车转向时，要求所有车轮轴线都应相交于一点，此交点 O 称为转向中心。由转向中心 O 到外转向轮与地面接触点的距离 R 称为汽车的转弯半径，如图8-4所示。

2）转向系角传动比

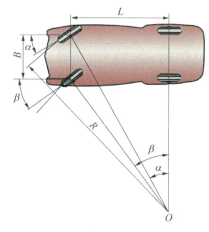

▲图8-4　汽车转向时两侧转向轮偏转角的关系

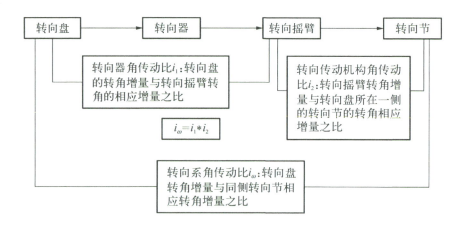

$$i_\omega = i_1 * i_2$$

转向系角传动比越大,转向越省力,但转向灵敏度降低。i_1较大,货车为16～32,轿车为12～20;i_2较小,一般为1。

3)转向盘自由行程

转向盘在空转阶段的角行程称为转向盘的自由行程。转向盘自由行程用来克服转向系内部的摩擦,各传动件间装配间隙。其有利于缓和路面冲击,避免驾驶员过度紧张,但不宜过大,否则将使转向灵敏性能下降,轿车一般为10°～15°。

4)转向梯形与前展

汽车转向时两转向轮内转角β与外转角α之差$\beta-\alpha$称为前展。为了产生前展,将转向机构设计成梯形,这样,在汽车转向时,就可以使转向内轮与外前轮产生不同的偏转角而实现车轮的纯滚动。矩形与梯形机构的比较如图8-5所示。

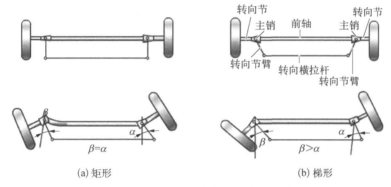

▲图8-5 转向矩形、梯形机构的比较

3. 转向拉杆

转向拉杆是汽车转向机构中的重要零件,它在转向系中起着传递运动的作用,直接影响汽车操纵的稳定性、运行的安全性和轮胎的使用寿命。包括科鲁兹在内的大多数轿车及轻型货车上广泛应用齿轮齿条式转向器,由于不需要转向摇臂和转向直拉杆,使转向传动机构得以简化,转向横拉杆是确保左右转向轮产生正确运动关系的关键部件。在与独立悬架相适应的转向横拉杆被分为两段,转向横拉杆的内端装有带螺纹的球头,并将其旋入齿条中。横拉杆的外端也通过螺纹与横拉杆接头连接,并用螺母锁紧。左右转向横拉杆外端通过球头销分别与左右转向节臂铰接,能够随同侧车轮相对于车架在横向平面内上下摆动,如图8-6所示。

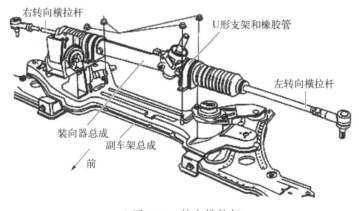

▲图8-6 转向横拉杆

二、器材准备

名　　称	图	用　　途
科鲁兹整车一台		用于转向拉杆拆装
举升机		用于举升车辆
常用工具（一套）		用于拆装一般连接螺栓
指针式扭力扳手 定扭矩扳手		用于紧固定扭矩螺栓
CH-161-B 拔出器		用于分离转向横拉杆与转向节
CH-804 驱动桥密封件箍钳		用于拆卸转向机护套

（续表）

名　　称	图	用　　途
CH-6247 转向传动机构内转向横拉杆拆卸和安装工具		用于拆装转向横拉杆
雪佛兰科鲁兹1.6 L 维修手册	2015款雪佛兰科鲁兹维修手册	用于查阅发动机拆装工艺和数据

任务实施

1. 拆卸转向横拉杆

（1）举升车辆。

（2）举升和顶起车辆。

2. 拆卸车轮总成

拆下轮胎和车轮总成。

3. 拆下转向传动机构外、内转向横拉杆

（1）使用CH-161-B拔出器将转向传动机构外转向横拉杆从转向节③上分离。

（2）拆下转向传动机构外转向横拉杆。

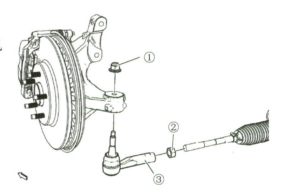

（3）拆下转向传动机构内转向横拉杆螺母①及转向机外护套卡箍②。

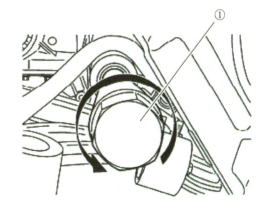

（4）松开转向机内保护套卡箍①。

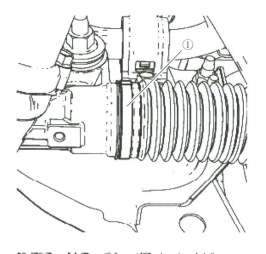

> **注意事项**
> ◇ 在转向机上标记护套卡箍①的安装位置。

（5）拆下转向机保护套①及转向机构内护套卡箍②。

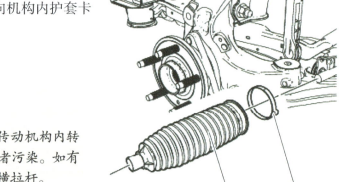

> **注意事项**
> ◇ 拆下转向机护套后，检查转向传动机构内转向横拉杆是否有明显的腐蚀或者污染。如有明显腐蚀或污染则更换内转向横拉杆。

（6）用CH-6247拆卸/安装工具拆下转向传动机构内转向横拉杆①。

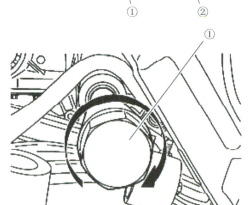

4. 安装转向横拉杆

1）安装转向传动机构内、外转向横拉杆

（1）用CH-6247拆卸/安装工具安装转向传动机构内转向横拉杆，并用定扭力扳手紧固至105 N·m。

> **注意事项**
> ◇ 在安装之前将螺纹锁止胶涂抹到内转向横拉杆①的螺纹上。

（2）将一个新的卡箍②松松地安装在转向机构护套的内侧，并在标识位置涂上润滑脂。

（3）将转向机构护套①穿过转向传动机构内转向横拉杆安装在转向机构上。

> **注意事项**
>
> ◇ 转向机构护套必须位于转向机上正确的凹槽内。

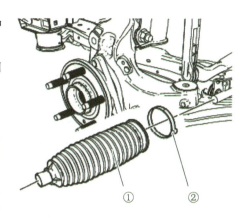

（4）将护套卡箍①调节至转向机构上标记的位置，以确保正确的安装位置。使用CH-804钳子压接转向机构内护套卡箍①。

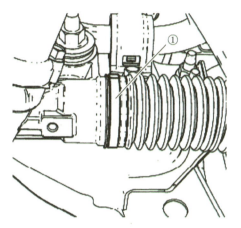

（5）安装转向机构外护套卡箍②及转向传动机构外转向横拉杆。

2）安装车轮总成
安装轮胎和车轮总成。

拓展学习

看一看

解放CA1092型汽车转向拉杆的特点

解放CA1092型汽车应用循环球式转向器，与该转向器配合的转向传动机构包括转向摇臂、转向直拉杆及转向横拉杆等，其中转向横拉杆的杆体用钢管制成，其两端切有螺纹，一端为右旋，一端为左旋，与横拉杆接头旋装连接。接头的螺纹孔壁上开有轴向切口，故具有弹性，旋

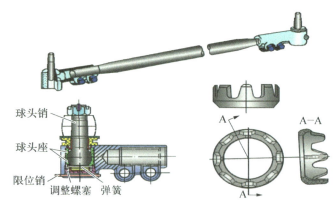

▲图8-7 解放CA1092型汽车转向横拉杆

装到杆体上后可用螺栓夹紧。两端接头结构相同,如图8-7所示。

由于横拉杆体两端是正反螺纹,因此,在旋松夹紧螺栓以后,转动横拉杆体,即可改变转向横拉杆的总长度,从而调整转向轮前束。在横拉杆两端的接头上都装有由球头销等零件组成的球形铰链。弹簧通过弹簧座压向球头座,以保证两球头座与球头的紧密接触,在球头和球头座磨损时能自动消除间隙,同时还起缓冲作用。

试一试

解放CA1092型汽车转向横拉杆

运用已学习的知识和操作技能,尝试在参阅解放牌汽车维修手册之后,对解放CA1092型汽车进行转向横拉杆拆装;在作业过程中认识转向横拉杆的内部结构以及与相关零部件的连接关系。

练习与检测

1. 判断题
（1）转向盘的自由行程越大,则转向越轻便,越灵敏。　　　　　　　　　　　　（　　）
（2）转向器是转向系统中的减速传动装置,科鲁兹轿车上采用齿轮齿条转向器。（　　）
（3）左右转向横拉杆外端分别与左右转向节臂固定链接。　　　　　　　　　　（　　）
（4）拆卸转向拉杆时,需先拆下转向机护套。　　　　　　　　　　　　　　　　（　　）

2. 单选题
（1）机械转向系的结构不包括下列哪项（　　）。
　　A. 转向操纵机构　　B. 转向器　　　　C. 转向油泵　　　　D. 转向传动机构
（2）轿车上通常采用哪种类型的转向器（　　）。
　　A. 循环球齿条齿扇式　　　　　　　　B. 齿轮齿条式
　　C. 蜗杆曲柄指销式　　　　　　　　　D. 循环球曲柄指销式
（3）紧固转向拉杆的扭矩为（　　）。
　　A. 105 N·m　　　B. 90 N·m　　　　C. 120 N·m　　　　D. 100 N·m

3. 思考题
尝试编制解放CA1092型汽车转向横拉杆的拆装工艺步骤和要点。

模块二 液(电)动力转向器拆装

学习目标

- 能认识液动力机械转向器的结构及功用。
- 理解液动力机械转向器的工作原理。
- 能按工艺规程正确拆装液动力机械转向器。
- 会清洁、检查液动力机械转向器等零部件。
- 具有良好的技术交流、团队合作和环境保护意识。

学习导入

动力转向系统是利用发动机的动力来帮助驾驶员进行转向操纵的装置,它把发动机的能量转换成液压能(电能或气压能),再把液压能(电能或气压能)转换成机械能作用在转向轮上,以减小驾驶员转动转向盘的操纵力,减轻驾驶疲劳,尤其在低速或车辆原地转向时操纵更加轻便,目前应用最广泛的动力转向系统是液压动力转向。

动力转向系统由转向盘、转向储油罐、转向油泵、动力转向器、转向管柱及转向油管等组成,如图8-8所示。其中动力转向器为转向系统液压助力的执行元件,在动力转向系统中起着重要作用。

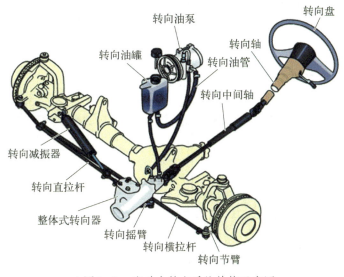

▲图8-8 液动力转向系的结构示意图

液动力转向器的拆装作业是对动力转向系统内部机件进行检修的重要作业;同时也能清晰地认识以及理解液动力转向器的结构和原理。

任务　液(电)动力转向器拆装

任务描述

有一辆雪佛兰科鲁兹汽车的用户反映,其在转弯结束后,需要额外施加力才能使方向盘回正,方向盘回正性能变差。经维修人员检查后初步判断,该车动力转向器出现卡滞现象,需要拆检动力转向器进行修理或更换。现请你根据底盘维修资料,使用专用、通用工具对动力转向器进行拆装;并在动力转向器拆装作业过程中,认识动力转向器的结构以及工作原理。

任务准备

一、知识准备

1. 液动力转向器

1)液动力转向器的功用

动力转向器是动力转向系统中的减速增力传动装置,其功用是增大由转向盘传到转向节的力,并改变力的传动方向。按液压系统压力状态的不同,动力转向器有常压式和常流式两种,目前汽车上使用的多是常流式液压助力转向系统。

2)液动力转向器的组成

液动力转向器的组成由转向控制阀、机械转向器和转向动力缸三大部分组成,如图8-9所示。

(1)转向控制阀按阀体的运动方向分为滑阀式和转阀式两种。阀体绕其圆心转动来控制油液流量的转向控制阀称为转阀式转向控制阀,主要由阀体、阀套、阀芯及扭杆等组成,如图8-10所示。通过输入轴和阀套的预开间隙使液压油输入左右两油腔。

(2)机械转向器为齿轮齿条式,由齿轮轴、齿条活塞总成及转向拉杆三大部分组成。

(3)转向动力缸为金属壳体,内部的齿条活塞将其分成左右两个油腔,并分别于控制阀的两个油口相连。

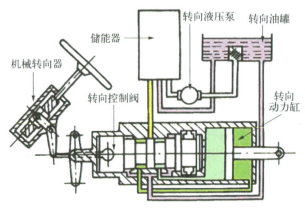

▲图8-9　常压式液动力转向系示意图

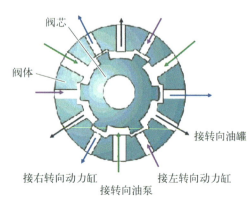

▲图8-10　回转式转向控制阀结构示意图

3)液动力转向器的工作原理

液动力转向器的工作是通过液压泵(由发动机皮带带动)提供油压,当方向盘转动时,转向控制阀的打开或关闭使转向动力缸的活塞两侧产生液压差,推动活塞移动,进而产生辅助力推动转向拉杆,辅助车轮转动。

(1)直线行驶。当汽车直线行驶时,转向控制阀处于中间位置,油缸的左右腔的油压是平衡的,没有油压推动齿条移动,如图8-11所示。

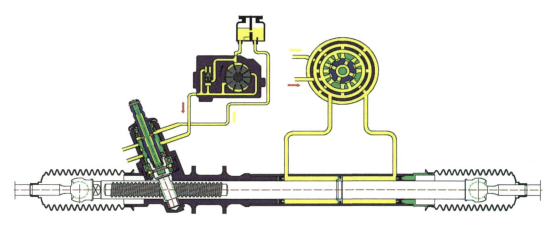

▲图8-11 汽车直线行驶时液动力转向器工作示意图

(2)左转向。当汽车向左转向时,转向轴连同阀芯被逆时针转动,使阀芯得以相对转向齿轮(即阀套)转过少许角度,通过转向控制阀的分配使动力缸右腔成为高压油腔,左腔成为低压油腔。作用在动力缸活塞上的在高压油的作用下,帮助转向齿轮迫使转向齿条向左移动,转向车轮开始向左偏转,如图8-12所示。

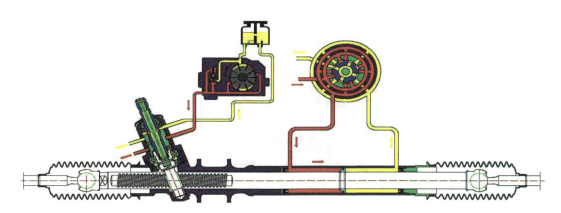

▲图8-12 汽车左转向行驶时液动力转向器工作示意图

(3)右转向。当汽车向右转向时,转向轴连同阀芯被顺时针转动,使阀芯得以相对转向齿轮(即阀套)转过少许角度,通过转向控制阀的分配使动力缸左腔成为高压油腔,右腔成为低压油腔。作用在动力缸活塞上的在高压油的作用下,帮助转向齿轮迫使转向齿条向右移动,转向车轮开始向右偏转。

2. 电动助力转向器

1）电动助力转向器的组成

汽车电动助力转向（EPS）系统是在机械式转向系统的基础上加装电动机驱动单元构成的。其主要作用是提供助力、改善汽车转向性能、协助驾驶员完成转向操作。EPS系统由扭矩传感器、车速传感器、电自控制单元（ECU）、助力电动机及减速机构等组成，如图8-13所示。

（1）扭矩传感器，又称转向传感器，其功用是测定方向盘与转向器之间的相对扭矩，并转化为电信号传递给ECU。

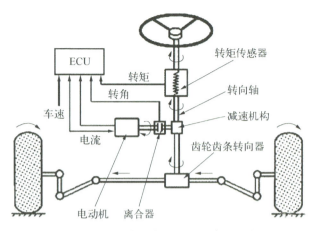

▲图8-13 电动助力转向系统结构示意图

（2）电动机，其功能是根据ECU的相关指令，输出适宜的转向助力矩，是EPS系统的动力源。

（3）减速机构，接收电动机的转矩，经减速增矩后传递给转向轴、小齿轮或齿条。

（4）ECU，是EPS系统的控制中心，根据扭矩传感器和车速传感器的信号进行逻辑分析与计算并发出指令，控制电动机和离合器。

2）电动助力转向器的工作原理

汽车转向时，扭矩传感器和车速传感器将检测到的扭矩、方向信号及车速信号传递给ECU，ECU根据扭矩传感器的信号和车速传感器的信号确定电动机扭矩的大小和方向，电动机再通过离合器、减速机构等把此扭矩传递给扭杆，最终起到为驾驶员提供转向助力的效果，使汽车转向更轻便。车速越低转向助力越大，车速越高转向助力越小。当车速大于一定值时，取消助力，将直流电动机反接制动，目的是在汽车高速行驶时增加操作方向盘的手感，保证行驶安全。

二、器材准备

名　　称	图	用　　途
科鲁兹整车一台		用于转向拉杆拆装
举升机		用于举升车辆

项目八 转向系统拆装 243

(续表)

名 称	图	用 途
常用工具(一套)	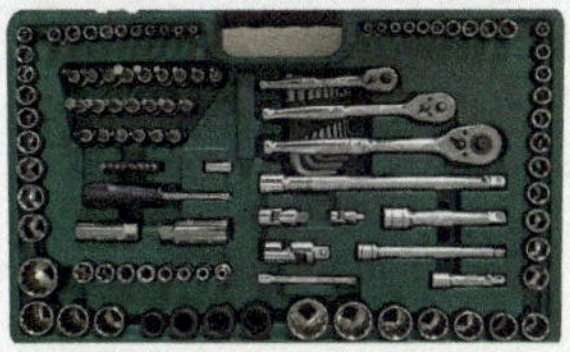	用于拆装一般连接螺栓
指针式扭力扳手 定扭矩扳手	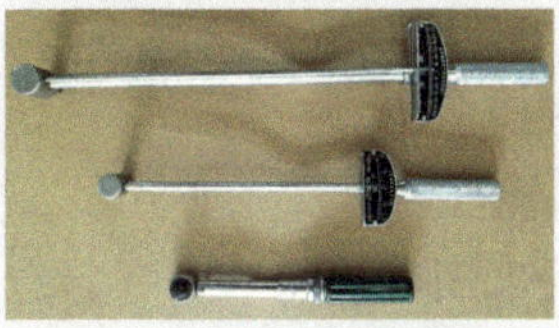	用于紧固定扭矩螺栓
CH-904 底座		用于与对中适配器配合拆卸副车架
CH-49289 对中适配器	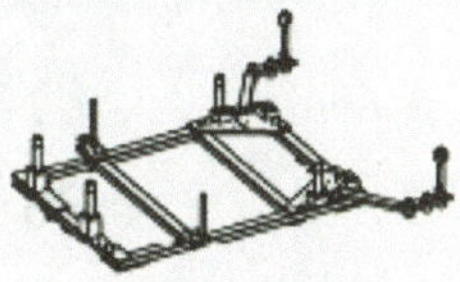	用于与底座配合拆卸副车架
EN-45059 角度测量仪	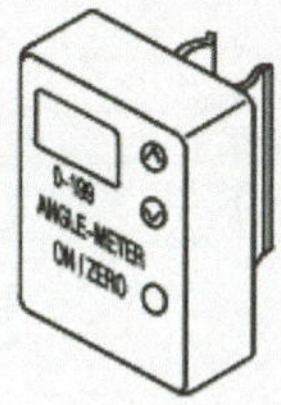	用于转动角度拧紧
雪佛兰科鲁兹1.6 L 维修手册	2015款雪佛兰科鲁兹维修手册	用于查阅发动机拆装工艺和数据

任务实施

1. 拆卸动力转向器

1) 拆下转向中间轴

(1) 转动前轮至正向前位置,并固定方向盘防止移动。

(2) 拆下并报废下中间转向轴螺栓①,将转向中间轴从转向机上拆下。

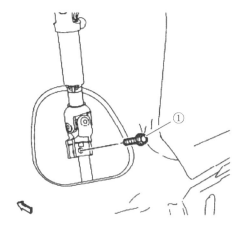

2) 拆下转向传动机构内转向横拉杆
(1) 举升和顶起车辆,拆下轮胎和车轮总成。
(2) 拆下前舱屏蔽板(若装配),取下前排气管。
(3) 拆下转向传动机构内转向横拉杆。
3) 拆卸副车架
(1) 拆下稳定杆连杆两侧的下螺母②,拆下稳定杆处的稳定杆连杆①。

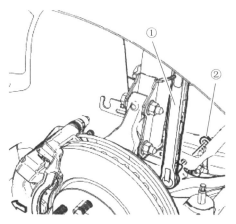

(2) 拆下发动机两侧侧盖上的4个紧固件①。

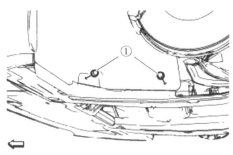

(3) 拆下前发动机舱盖的4个紧固件①。

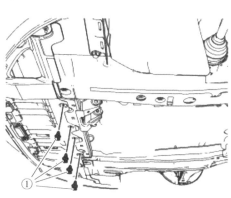

(4) 拆下前①和后②变速器支座托架螺栓。

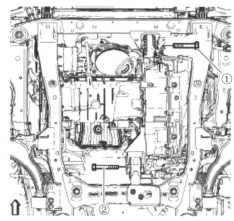

(5) 拆下并报废2个后车架螺栓②,拆下后车架加强件①。

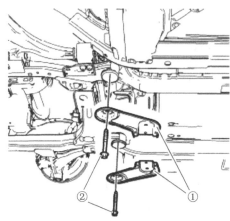

(6) 将液压连杆与CH-904底座和CH-49289-50适配器连接②,并安装在副车架上①。将前盖弯曲到一侧。降下副车架,最多55 mm。

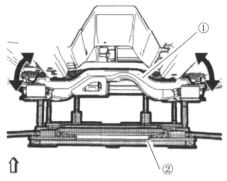

4) 拆卸动力转向器

(1) 将2个线束插头③从转向机上断开,拆下2个线束托架螺栓④。并从车上卸下托架②,将线束护圈①从转向机上卸下。

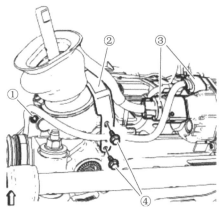

（2）拆下右稳定杆①上的2个隔振垫夹紧螺栓②，将稳定杆①悬挂至车身。

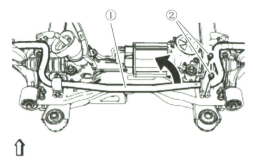

（3）从前副车架上拆下2个转向机螺栓④和螺母①、③，将转向机②从右侧拆下。

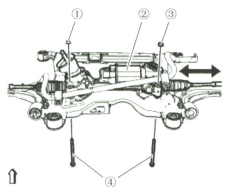

注意事项

◇ 拆卸的零部件要进行检查清洁，必要时可进行更换。

2. 安装动力转向器

1）安装动力转向器

（1）将转向机②插入右侧，并将其置于安装位置。安装新的转向机螺栓④和螺母①、③，首先用110 N·m的扭矩紧固，最后使用EN-45059角度测量仪将新的转向机螺栓和螺母再转150°～165°拧紧。

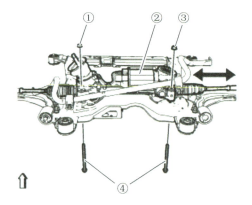

注意事项

◇ 安装前检查线束布线是否正确，以确保正确安装。确保转向柱仪表板密封件被正确安装至转向器齿条锥齿轮壳体上。

（2）安装2个发动机线束托架螺栓④，并紧固至9 N·m，将线束护圈①紧固至转向器上，并连接2个线束插头③。

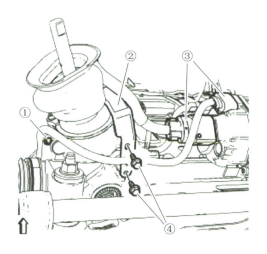

(3) 将稳定杆①和托架置于副车架上，安装新的右稳定杆隔振垫夹紧螺栓②，并用定扭力扳手紧固至 22 N·m，最后使用 EN-45059 角度测量仪再转 30°拧紧。

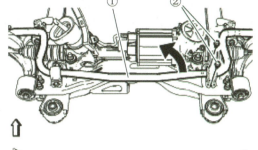

2) 安装副车架
(1) 移出 CH-49289 适配器上的定位销①。

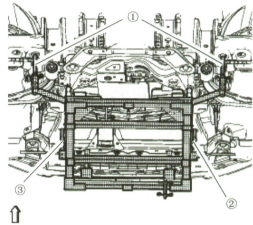

(2) 使用 CH-49289 适配器②，小心地举升车架①。

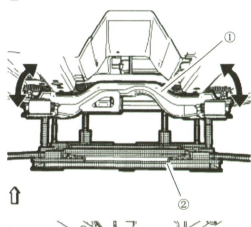

(3) 安装车架①，安装新的车架后部螺栓②，并用定扭力扳手紧固至 160 N·m。

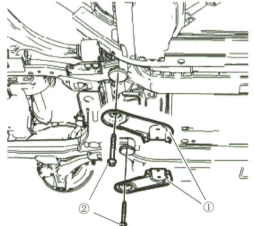

注意事项

◇ 切勿重复使用旧螺栓。

(4)安装前变速器支座螺栓①并紧固至58 N·m,安装后变速器支座托架螺栓②并紧固至100 N·m。

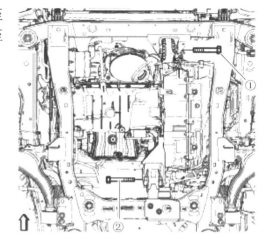

(5)安装并紧固发动机两侧侧盖上的4个紧固件①。

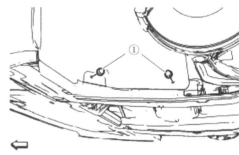

(6)安装并紧固前发动机舱盖的4个紧固件①。

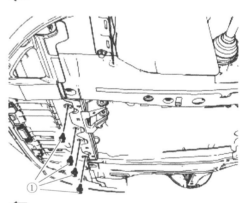

3)安装转向传动机构内转向横拉杆

(1)安装前舱屏蔽板(若装配)。

(2)安装前排气管。

(3)安装转向传动机构内转向横拉杆。

(4)安装轮胎和车轮总成,并放下车辆。

4)安装转向中间轴

(1)安装稳定杆连杆①两侧的下螺母②,并紧固至35 N·m。

(2)安装新的下中间转向轴螺栓,并紧固至34 N·m。

(3)对中方向盘转角传感器。

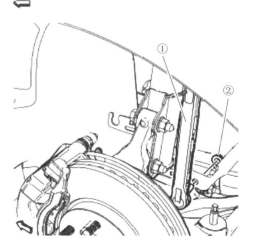

拓展学习

看一看

大众POLO汽车电动液压助力转向系统EHPS特点

大众POLO汽车采用电动液压助力转向系统。该系统是在传统液压系统的基础上增设了电控单元（ECU）而组成的，它使用电机代替发动机带动转向油泵工作。电液助力的电动泵，不用消耗发动机本身的动力，而且电动泵是由电子系统控制的，不需要转向时，电动泵关闭，进一步减少能耗。电液助力转向系统EHPS的电子控制单元，利用对车速传感器、转向角度传感器等传感器的信息处理，可以通过改变电动泵的流量来改变转向助力的大小。其结构如图8-14所示。

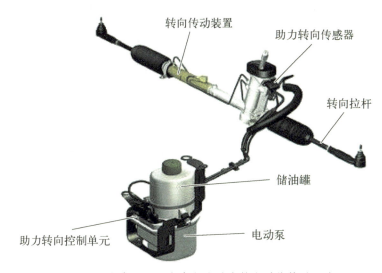

▲图8-14 大众POLO汽车电液助力转向系统构造示意图

试一试

大众POLO汽车电动液压助力转向系统拆装

运用已学习的知识和操作技能，尝试在参阅大众汽车维修手册之后，对POLO汽车进行电动液压助力转向系统拆装；在作业过程中认识电动液压助力系统及其相关零部件的结构。

练习与检测

1. 判断题

（1）采用动力转向系的汽车，当转向加力装置失效时，汽车也就无法转向了。（　　）

（2）动力转向器是动力转向系统中的减速增力传动装置。（　　）

（3）目前汽车上使用的多是常压式液压助力转向系统。（　　）

（4）转阀式转向控制阀的阀体绕其圆心转动控制油液流量。（　　）

(5) 电动助力转向(EPS)系统是在机械转向系统的基础上加装电动机驱动单元构成的。（　　）

2. 单选题

(1) 液动力转向器的零部件不包括（　　）。
  A. 转向液压泵   B. 机械转向器
  C. 转向动力缸   D. 转向控制阀

(2) 紧固动力转向器螺栓及螺母的要求为（　　）。
  A. 先110 N·m紧固,再转100°紧固 B. 先100 N·m紧固,再转100°紧固
  C. 先110 N·m紧固,再转150°紧固 D. 先100 N·m紧固,再转150°紧固

(3) 关于拆装动力转向器的说法中错误的为（　　）。
  A. 若装配有前舱屏蔽板,需将前舱屏蔽板拆下。
  B. 拆卸的零部件要进行检查清洁,必要时可进行更换。
  C. 安装动力转向器前应检查线束布线是否正确,以确保正确安装。
  D. 拆卸动力转向器时的旧螺栓若没有损坏可继续使用。

3. 思考题

尝试编制大众POLO汽车电动液压助力转向系统拆装工艺步骤和要点。

项目九 制动系统拆装

项目导学

为了在技术上保证汽车的安全行驶,提高汽车的平均行驶速度,汽车上都设有专用的制动系统,使行驶中的汽车减速或在最短距离内停车,并可使汽车可靠地停放在原地(包括在坡道上)保持不动。

直接产生制动力矩的部件称为制动器,在制动力矩的作用下,车轮会给地面作用一个向前的力,地面同时给车轮作用一个向后的反作用力即为制动力,制动力可以使汽车改变运动状态。

汽车所用的制动器一般为摩擦式制动器,它是利用固定元件与旋转元件工作表面的摩擦力而产生制动力矩。汽车常用的制动器有盘式制动器和鼓式制动器。

本项目的主要任务如下图所示(图9-1)。

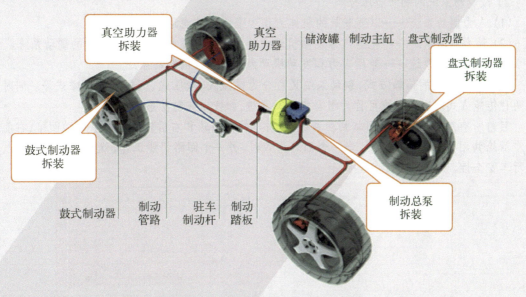

▲图9-1 制动系统拆装任务示意图

驾驶员能根据道路和交通情况,利用装在汽车上的一系列专门装置,迫使路面在汽车车轮上施加一定的与汽车行驶方向相反的外力,对汽车进行一定程度的强制制动。这种可控制的对汽车进行制动的外力称为制动力,用于产生制动力的一系列专门装置称为制动系统。制动系统的功用是减速停车、驻车制动。

汽车制动系统的基本功用是使行驶中的汽车减速或在最短距离内停车,并可使汽车可靠地停放在原地(包括在坡道上)保持不动。

一般汽车制动系应包括两套独立的制动系,行车制动装置(脚制动)和驻车制动装置(手制动)。每一套制动装置都由产生制动作用的制动器和将制动操纵力传给制动器的制动传动机构组成。

汽车制动系统主要由以下各部分组成:

(1) 供能装置——包括供给、调节制动所需能量以及改善传能介质状态的各种部件。其中产生制动能量的部分称为制动能源。人的肌体力也可作为制动能源。

(2) 控制装置——包括产生制动动作和控制制动效果的各种部件,如制动踏板、制动阀等。

(3) 传动装置——包括将制动能量传输到制动器的各个部件,如制动主缸和制动轮缸等。

(4) 制动器——产生制动摩擦力矩的部件。

较为完善的制动系统还具有制动力调节装置、报警装置、压力保护装置等附加装置。

制动系统的分类方式主要按功用和制动能源。

1) 按制动系统的功用分类

(1) 行车制动系统——使行驶中的汽车减低速度甚至停车的一套专门装置。

(2) 驻车制动系统——使已停驶的汽车驻留原地不动的一套装置。

(3) 第二制动系统——在行车制动系统失效的情况下保证汽车仍能实现减速或停车的一套装置。

(4) 辅助制动系统——在汽车下长坡时用以稳定车速的一套装置。

2) 按制动系统的制动能源分类

(1) 人力制动系统——以驾驶员的肌体力作为唯一制动能源的制动系统。

(2) 动力制动系统——完全依靠发动机动力转化成的气压或液压进行制动的制动系统。

(3) 伺服制动系统——兼用人力和发动机动力进行制动的制动系统。

按照制动能量的传输方式,制动系统又可分为机械式、液压式、气压式和电磁式等。同时采用两种传能方式的制动系统可称为组合式制动系统,如气顶液制动系统。

目前所有汽车都采用双回路制动系统,如轿车的左前轮和右后轮共用一条制动回路、右前轮和左后轮共用另一条制动回路,当一个回路失效时,另一个回路仍能工作,这样有效提高了汽车的行车安全性。

模块一　盘式(前)制动器拆装

学习目标

- 掌握盘式制动器的结构和原理；
- 能识别盘式制动器的零部件结构；
- 能按工艺规程对盘式制动器的制动片和制动盘进行拆装和更换；
- 具有严谨的盘式制动器拆装质量意识和安全意识。
- 具有良好的技术交流、团队合作和环境保护意识。

学习导入

盘式制动器主要有钳盘式和全盘式两种，其中前者更常用。钳盘式制动器的旋转元件是制动盘，固定元件是制动钳。

当制动时，发现盘式制动器制动力不足，那就要拆解盘式制动器进行检修；当发现盘式制动器制动时，有"嘎吱、嘎吱"的噪声时，也要拆解并进行检修。

盘式制动器的拆装作业是对制动盘、摩擦片和轮缸活塞等制动器内部机件进行检修的前期作业；同时也能清晰地认识以及理解盘式制动器的结构和原理。

任务　盘式(前)制动器拆装

任务描述

有一辆雪佛兰科鲁兹汽车的用户反映，其在汽车制动的过程中，会发出连续"叽叽叽"刺耳的摩擦声。经维修人员检查初步判断，该车盘式制动器中的制动片或者制动盘存在问题，需要拆捡制动片和制动盘进一步检测。现请你根据盘式制动器维修资料，使用专用、通用工具对盘式制动器的制动片和制动盘进行拆装；并在盘式制动器拆装过程中，认识盘式制动器结构特点以及相互之间的关系，掌握其功用和原理。

任务准备

一、知识准备

1. 定钳盘式制动器

定钳盘式制动器特点是制动盘两侧的制动块用两个液压缸单独促动,如图9-2所示。

定钳盘式制动器存在的缺点:

(1) 油缸较多,使制动钳结构复杂;

(2) 油缸分置于制动盘两侧,必须用跨越制动盘的钳内油道或外部油管来连通。这必然使得制动钳的尺寸过大,难以安装在现代化轿车的轮辋内;

(3) 热负荷大时,油缸(特别是外侧油缸)和跨越制动盘的油管或油道中的制动液容易受热汽化;

(4) 若要兼用于驻车制动,则必须加装一个机械促动的驻车制动钳。

由于上述缺点,定钳盘式制动器目前使用较少。

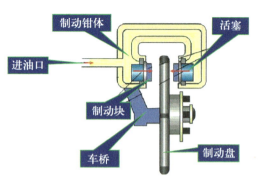

▲图9-2 定钳盘式制动器的工作原理

2. 浮钳盘式制动器

按制动钳的运动方式,浮钳式制动器又可分为滑动钳盘式制动器和摆动钳盘式制动器,其中滑动钳盘式制动器应用更广。

滑动钳盘式制动器的特点是:制动钳可以相对制动盘作轴向滑动;只在制动盘的内侧设置油缸,而外侧的制动块则附装在钳体上。

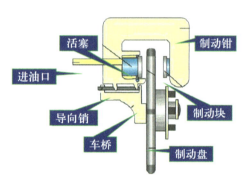

▲图9-3 浮钳盘式制动器的工作原理

滑动钳盘式制动器实施制动时,液压力使活塞伸出,推动刹车片,刹车片压向制动盘的内侧表面。制动盘反作用于活塞上的压力使卡钳沿着导轨向内侧移动。卡钳的移动对外侧的刹车片施加了压力,使得刹车片压向制动盘外侧表面上。于是两侧的刹车片都压向制动盘的表面,逐渐增大的制动摩擦力使车轮停止转动,滑动钳盘式制动器其工作原理如图9-3所示。

二、器材准备

名　　称	图	用　　途
科鲁兹轿车盘式(前)制动器总成	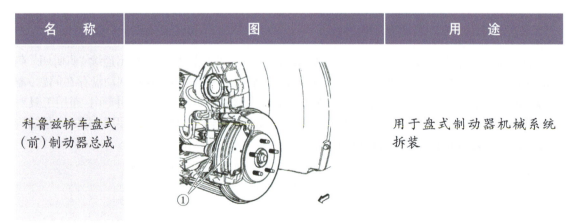	用于盘式制动器机械系统拆装

（续表）

名　称	图	用　途
常用工具(一套)		用于拆装一般连接螺栓
定扭力扳手		用于紧固定扭矩螺栓
雪佛兰科鲁兹维修手册	2015款雪佛兰科鲁兹维修手册	用于查阅制动系统拆装工艺和数据

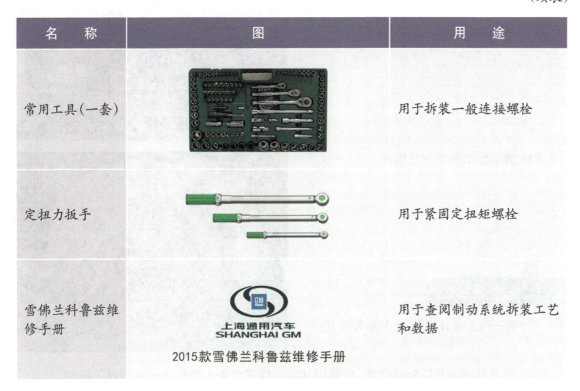

任务实施

1. 前盘式制动片的更换

1）拆卸程序

（1）检查制动总泵储液罐中的液位：液位高度应在MAX和MIN刻度之间。

> **注意事项**
>
> ◇ 如果制动液液位处于最满标记和最低允许液位之间的中间位置，则在开始本程序前不必排出制动液。
> ◇ 如果制动液液位高于最满标记和最低允许液位之间的中间位置，则在开始前应将制动液排出至中间位置。

(2) 举升和顶起车辆。

(3) 拆下轮胎和车轮总成。

注意事项

◇ 方向盘向左侧打足,以便拆卸和安装。

(4) 拆下制动钳下导销螺栓②:应使用10 mm梅花扳手①和18 mm开扣扳手拆卸。

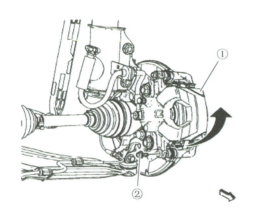

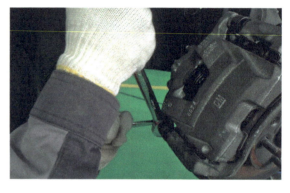

(5) 不断开液压制动器挠性软管,向上转动制动钳,并用粗钢丝或同等工具固定制动钳。

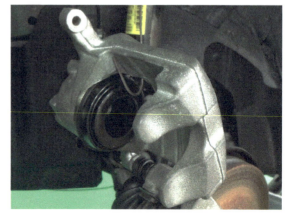

（6）从制动钳安装托架上拆下制动片。

（7）使用CH-6007-B安装工具将盘式制动器制动钳活塞推入制动钳孔中。

（8）从制动钳托架上拆下制动片固定弹簧。

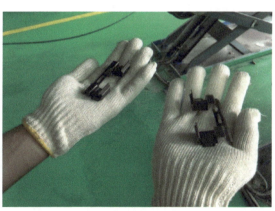

（9）彻底清理制动钳托架上的制动片构件接合面处的所有碎屑和腐蚀物。

（10）检查制动钳导销是否自由移动，并检查导销护套的状况。在支架孔内，里外移动导销，但不能使滑动脱离护套，并查看是否有以下状况：
- 制动钳导销移动受限
- 制动钳安装托架松动
- 制动钳导销卡死或卡滞
- 护套开裂或破损

注意事项

◇ 如果发现上述任何状况,则需要更换制动钳导销和/或护套。

2)安装程序

(1)确保制动片构件接合面处清洁。

(2)安装制动片固定弹簧至制动钳托架上。

在制动片固定件上,涂抹一薄层高温硅润滑剂。

 注意事项

◇ 装有盘式制动片的磨损传感器必须安装至制动盘的内侧,且前轮转动时传感器的前边缘面向制动盘或者安装至车辆位置时固定在制动片的顶部。

(3)安装制动片①至制动钳托架。

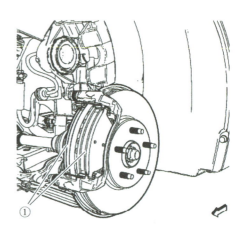

(4)拆下支架并将制动钳转动到位,越过盘式制动片至制动钳安装托架。

(5)安装制动钳导销下螺栓,用定扭力扳手紧固至28 N·m。

(6) 安装轮胎和车轮总成。
(7) 降下车辆。

(8) 关闭发动机,逐渐踩下制动踏板至其行程约2/3处。

(9) 缓慢地松开制动踏板。
(10) 等待15秒,然后再次逐渐踩下制动踏板至其行程约2/3处直到制动踏板坚实。这将使制动钳活塞和制动片正确就位。
(11) 加注总泵辅助储液罐至适当液位。

2. 前制动盘的更换

1) 拆卸程序
(1) 举升和顶起车辆。

(2) 拆下轮胎和车轮总成。

(3) 将C形夹钳①安装在制动钳体上，使C形夹钳的钳嘴抵在制动钳体后部和外部盘式制动片。

(4) 紧固C形夹钳①，直到制动钳活塞被压入制动钳孔，足以使制动钳滑过制动盘。

(5) 拆下C型夹钳①。

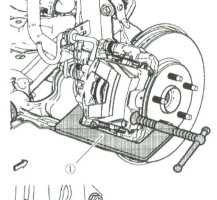

(6) 拆下并报废制动钳托架螺栓①：应使用18 mm梅花扳手拆卸。

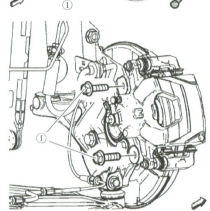

(7) 将制动钳和制动钳安装托架作为一个总成①从转向节上拆下，并用粗钢丝或同等工具支撑总成。确保液压制动挠性软管没有承受张紧力。

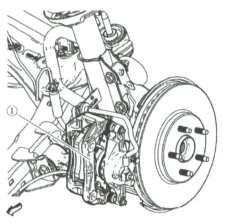

注意事项

◇ 无论制动钳已从其支座上分离，还是仍连接着液压挠性制动软管，都要用粗钢丝或同等工具支撑住制动钳。若不这样支撑制动钳，会使挠性制动软管承受制动钳重量，导致制动软管损坏，从而可能使制动液泄漏。

◇ 切勿将液压制动挠性软管从制动钳上断开。

（8）拆下制动盘螺钉：应使用TX30内六角套筒拆卸。

（9）从轮毂上拆下制动盘。

2）安装程序

（1）使用CH-42450-A表面修整工具，彻底清理轮毂/车桥法兰①结合面上的锈蚀或腐蚀物。

（2）使用CH-41013r表面修整工具，彻底清理制动盘②结合面和安装面上的锈蚀或腐蚀物。

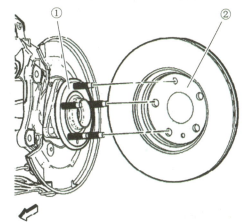

（3）检查轮毂/车桥法兰和制动盘的接合面，确保没有异物或碎屑。

（4）安装制动盘至轮毂/车桥法兰。用拆卸前标注的装配标记，以确保其相对于法兰的正确方向。

(5) 安装制动盘螺钉,用定扭力扳手紧固至 9 N·m。

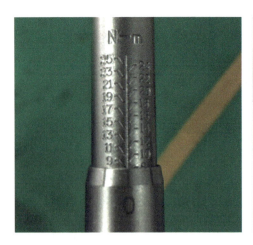

> **注意事项**
>
> ◇ 如果在制动系统修理时对制动盘进行了拆装操作,则必须测量制动盘装配后端面跳动量,以确保盘式制动器的最佳性能。
> ◇ 如果制动盘装配后横向跳动量的测量值超出规格,则应使横向跳动量符合规格。

(6) 拆下支架,将制动钳和制动钳托架作为一个总成安装至转向节。

(7) 安装新的制动钳托架螺栓①,并在第一遍用定扭力扳手紧固至 100 N·m;应使用 Ø18 mm 套筒,上部托架螺栓需加 5 寸接杆紧固。

(8) 使用 EN-45059 测量仪,最后一遍将新的制动钳托架螺栓再紧固至 60°~75°。

(9) 安装轮胎和车轮总成。

(10) 降下车辆。

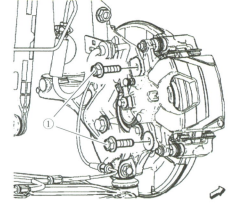

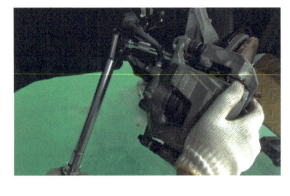

拓展与学习

载货汽车全盘式制动器的结构特点

在重型载货汽车上，要求有更大的制动力，为此采用全盘式制动器。全盘式制动器摩擦副的固定元件和旋转元件都是圆盘形的，分别称为固定盘和旋转盘。制动盘的全部工作面可同时与摩擦片接触，其结构原理与摩擦离合器相似，如图9-4所示。目前用得较多的是多片全盘式制动器，以便获得较大的制动力。但这种制动器的散热性能较差，故多为油冷式，结构较复杂。

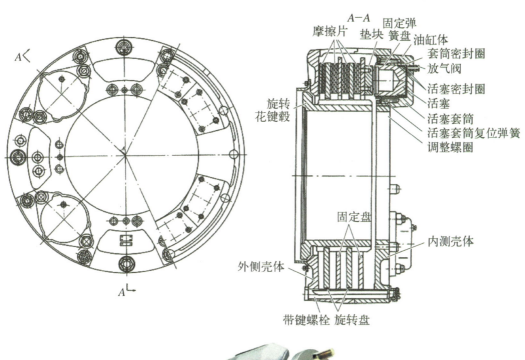

▲图9-4 全盘式制动器结构图和实物图

> 试一试

载货汽车全盘式制动器的拆装

运用已学习的知识和操作技能，尝试在参阅汽车维修手册之后，对载货型汽车的全盘式制动器进行拆装作业；在作业过程中认识全盘式制动器的结构以及与相关零部件的连接关系。

练习与检测

1. 判断题

（1）盘式制动器主要有钳盘式和全盘式两种。（   ）
（2）定钳盘式制动器特点是制动盘两侧的制动块用两个液压缸同时促动。（   ）
（3）钳盘式制动器的活塞密封圈除了起密封作用外，还兼起活塞回位作用和调整间隙的作用。（   ）
（4）滑动钳盘式制动器的特点是：制动钳可以相对制动盘作轴向滑动；只在制动盘的内侧设置油缸，而外侧的制动块则附装在钳体上。（   ）
（5）汽车上都装有排气制动装置。（   ）

2. 单项选择题

（1）以下不是制动系功用的是（   ）。
　　A. 行车制动系　　　B. 驻车制动系　　　C. 辅助制动装置　　　D. 人力制动装置
（2）以下不是制动器结构组成的是（   ）。
　　A. 固定元件　　　　　　　　　　　　　B. 旋转元件
　　C. 定位调整机构　　　　　　　　　　　D. 锁紧装置
（3）现代轿车多采用（   ）或者四轮（   ）式的结构。
　　A. 前盘后鼓……鼓　　　　　　　　　　B. 前鼓后盘……盘
　　C. 前盘后鼓……盘　　　　　　　　　　D. 前鼓后盘……鼓
（4）以下不是液压制动系统组成部分的是（   ）。
　　A. 供能装置　　　B. 控制装置　　　C. 手传动装置　　　D. 制动器
（5）下面不是盘式制动器的优点的是（   ）。
　　A. 散热能力强　　　　　　　　　　　　B. 抗水衰退能力强
　　C. 制动平顺性好　　　　　　　　　　　D. 管路液压低

3. 思考题

尝试编制全盘式制动器拆装工艺步骤和要点。

模块二　鼓式(后)制动器拆装

学习目标

- 掌握鼓式制动器的结构和原理；
- 能识别鼓式制动器的零部件结构；
- 能按工艺规程对鼓式制动器的制动鼓和制动蹄进行拆装和更换；
- 具有严谨的鼓式制动器拆装质量意识和安全意识。
- 具有良好的技术交流、团队合作和环境保护意识。

学习导入

鼓式制动器的旋转元件是制动鼓，固定元件是制动蹄，制动时制动蹄在促动装置作用下向外旋转，外表面的摩擦片压靠到制动鼓的内圆柱面上，对鼓产生制动摩擦力矩。

凡对蹄端加力使蹄转动的装置统称为制动蹄促动装置，制动蹄促动装置有轮缸、凸轮和楔。以液压制动轮缸作为制动蹄促动装置的制动器称为轮缸式制动器；以凸轮作为促动装置的制动器称为凸轮式制动器；用楔作为促动装置的制动器称为楔式制动器。

当制动时，发现车轮没有制动或制动反应迟缓等失去正常制动的情形，那就要拆解鼓式制动器进行检修；当发现鼓式制动器制动时，有"嘎吱、嘎吱"的噪声或者有制动跑偏现象，也要拆解并进行检修。

鼓式制动器的拆装作业是对制动鼓、制动蹄和轮缸活塞等制动器内部机件进行检修的前期作业；同时也能清晰地认识以及理解鼓式制动器的结构和原理。

任务　鼓式(后)制动器拆装

任务描述

有一辆雪佛兰科鲁兹汽车的用户反映，其在汽车制动的过程中，发现车轮制动反应迟缓。经维修人员检查初步判断，该车鼓式制动器中的制动蹄存在问题，需要拆捡制动蹄进一步检测。现请你根据鼓式制动器维修资料，使用专用、通用工具对鼓式制动器的制动鼓和制动蹄进行拆装；并在鼓式制动器拆装过程中，认识鼓式制动器结构特点以及相互之间的关系，掌握其功用和原理。

任务准备

一、知识准备

1. 轮缸式制动器

1）领从蹄式制动器

其特点是两个制动蹄各有一个支点，一个蹄在轮缸促动力作用下张开时的旋转方向与制动鼓的旋转方向一致，称为领蹄；另一个蹄张开时的旋转方向与制动鼓的旋转方向相反，称为从蹄，如图9-5所示。

领蹄在摩擦力的作用下，蹄和鼓之间的正压力较大，制动作用较强。从蹄在摩擦力的作用下，蹄和鼓之间的正压力较小，制动作用较弱，如图9-6所示。

两个制动蹄受到的轮缸促动力相等，称为等促动力制动器。领从蹄式制动器的两个制动蹄作用在制动鼓上的法向反力大小不等，这种制动器称为非平衡式制动器。

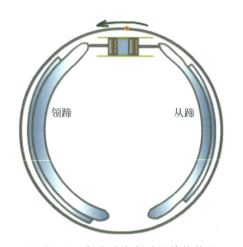

▲图9-5 领从蹄式制动器结构简图

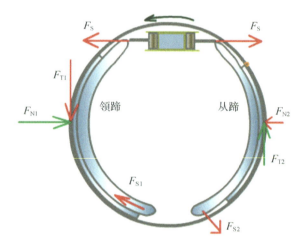

▲图9-6 领从蹄式制动器制动原理及制动蹄受力图

2）双领蹄和双向双领蹄式制动器

汽车前进时两个制动蹄均为领蹄的制动器称为双领蹄式制动器，如图9-7所示。

双领蹄式制动器的结构特点是，每一制动蹄都用一个单活塞制动轮缸促动，固定元件的结构布置是中心对称式。

双向双领蹄式制动器使用了两个双活塞轮缸，无论汽车前进还是倒车，都是双领蹄式制动器，故称双向双领蹄式制动器，如图9-8和图9-9所示。

3）双从蹄式制动器

汽车前进时两个制动蹄均为从蹄的制动器为双从蹄式制动器，如图9-10所示。

双领蹄、双向双领蹄、双从蹄式制动器固定元件的布置都是中心对称，两制动蹄作用在制动鼓上的法向反力大小相等、方向相反、相互平衡，这种形式的制动器为平衡式制动器。

4）单向和双向自增力式制动器

（1）单向自增力式制动器。单向自增力式制动器的特点是两个制动蹄只有一个单活塞的制动轮缸，第二制动蹄的促动力来自第一制动蹄对顶杆的推力，两个制动蹄在汽车前进时均为

项目九 | 制动系统拆装

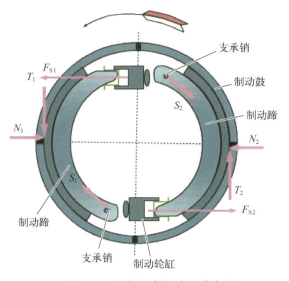

▲ 图9-7 双领蹄式制动器受力图

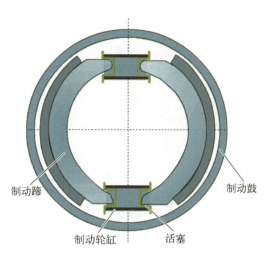

▲ 图9-8 双向双领蹄式制动器结构简图

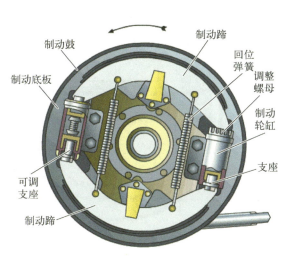

▲ 图9-9 双向双领蹄式制动器结构图

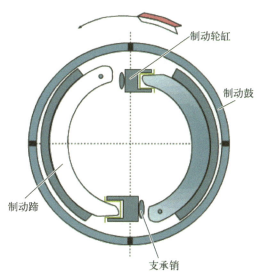

▲ 图9-10 双从蹄式制动器结构简图

领蹄,但倒车时能产生的制动力很小,如图9-11、图9-12、图9-13所示。

（2）双向自增力式制动器。双向自增力式制动器的特点是两个制动蹄的上方有一个双活塞制动轮缸,轮缸的上方还有一个制动蹄支承销,两制动蹄的下方用顶杆相连。无论汽车前进还是倒车,都与自增力式制动器相当,故称双向自增力式制动器,如图9-14、图9-15、图9-16所示。

2. 凸轮式制动器

凸轮式制动器是用凸轮取代制动轮缸对两制动蹄起促动作用,通常利用气压使凸轮转动,如图9-16和图9-17所示。

凸轮制动器制动调整臂的内部为蜗轮蜗杆传动,蜗轮通过花键与凸轮轴相连。正常制动时,制动调整臂体带动蜗杆绕蜗轮轴线转动,蜗杆又带动蜗轮转动,从而使凸轮旋转,张开制动蹄起制动作用。

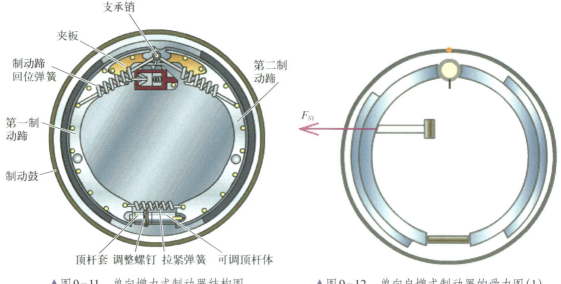

▲图9-11 单向增力式制动器结构图　　▲图9-12 单向自增式制动器的受力图(1)

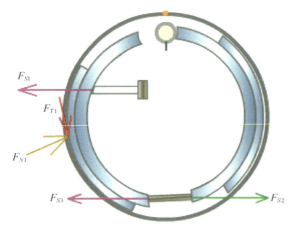

▲图9-13 单向自增式制动器的受力图(2)

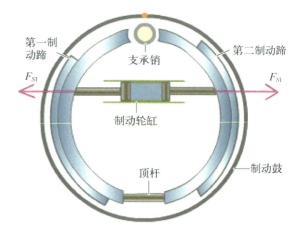

▲图9-14 双向自增力式制动器的工作原理

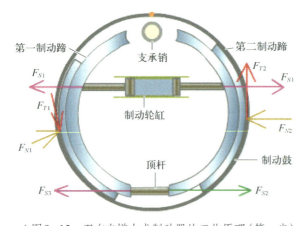

▲图9-15 双向自增力式制动器的工作原理(第一步)

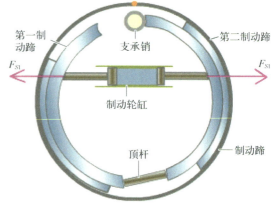

▲图9-16 双向自增力式制动器的工作原理(第二步)

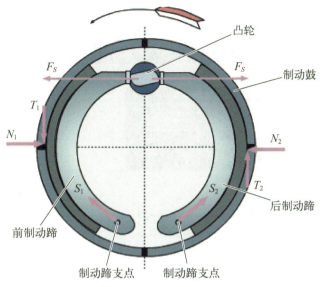

▲图9-17 凸轮式制动器结构简图

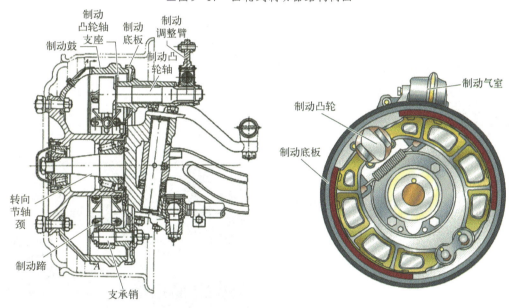

▲图9-18 东风EQ1090E型汽车前轮制动器

二、器材准备

名　　称	图	用　　途
科鲁兹轿车鼓式（后）制动器总成		用于鼓式制动器机械系统拆装

（续表）

名　称	图	用　途
常用工具（一套）		用于拆装一般连接螺栓
定扭力扳手		用于紧固定扭矩螺栓
雪佛兰科鲁兹维修手册	2015款雪佛兰科鲁兹维修手册	用于查阅制动系统拆装工艺和数据

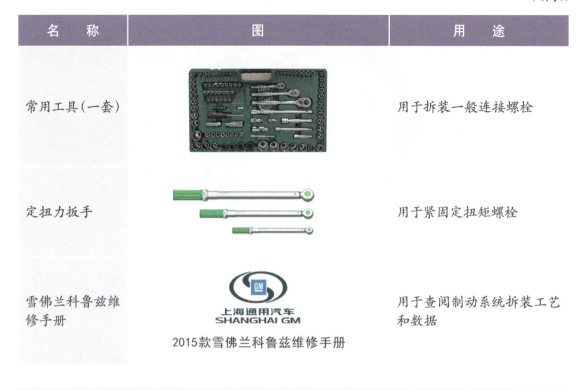

任务实施

1. 制动鼓的更换

1）拆卸程序

（1）检查以确保驻车制动器已完全释放。

（2）举升和顶起车辆。

(3) 拆下后轮胎和车轮总成。

(4) 拆下制动鼓螺钉①：应使用TX30内六角套筒②拆卸。

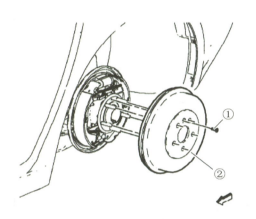

(5) 拆下制动鼓。

 注意事项

◇ 如果制动鼓被重新安装至车辆，使用CH-41013表面修整工具或同等工具，以便清除制动鼓②的轮毂/法兰接合表面上的锈蚀。

(6) 使用CH-42450-A表面修整工具或同等工具，清洁轮毂法兰。

2) 安装程序

(1) 如要安装新的制动鼓，使用工业酒精或同等制动器清洗剂和干净的抹布，清除制动鼓摩擦表面上的保护涂层。

（2）调节鼓式制动器。

（3）安装鼓式制动器。

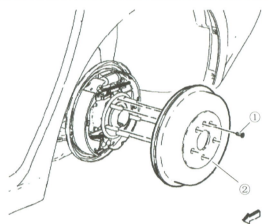

（4）安装鼓式制动器螺钉①，用定扭力扳手紧固至7N·m；应使用TX30内六角套筒②紧固。

（5）安装轮胎和车轮总成。

（6）降下车辆。

（7）踩下制动器踏板约3次，以便安装和对中制动鼓中的制动蹄。

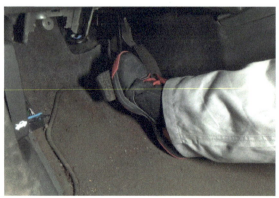

2. 制动蹄的更换

1) 拆卸程序

(1) 举升和顶起车辆。

(2) 拆下轮胎和车轮总成。

(3) 拆下制动鼓。参见"制动鼓的更换"。

(4) 拆下调节弹簧①。将调节器弹簧弯钩端与调节器执行器杆上的凸舌分离,然后释放制动蹄辐板孔上的弹簧。

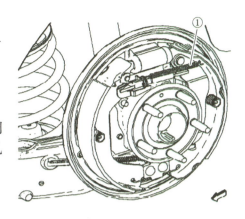

注意事项

◇ 切勿拉长调节器弹簧。如果过度拉伸弹簧,可能发生损坏。

(5) 分离调节器执行器杆①与调节器总成②。

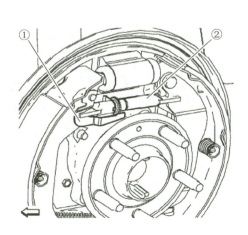

（6）拆下调节器总成。

（7）拆下制动蹄弹簧①，使用CH-346安装工具拧动弹簧帽②。

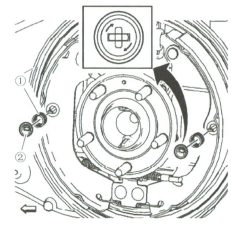

（8）拆下制动蹄。

（9）从前制动蹄①上拆下弹簧④。
（10）从驻车制动杆②上拆下驻车拉索③。

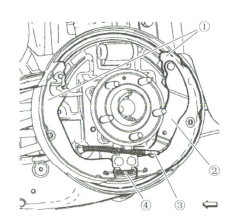

2）安装程序

(1) 安装调节器总成②至调节器执行器杆①。

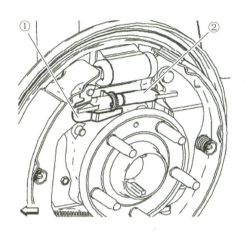

(2) 尽可能旋转调节器。

(3) 安装驻车拉索③至驻车制动杆②上。
(4) 安装下弹簧④至前制动蹄。
(5) 安装制动蹄①。

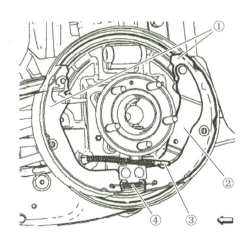

（6）安装制动蹄弹簧①，使用CH-346安装工具拧动弹簧帽②。

（7）安装调节弹簧①。确保弹簧上的搭扣与执行器杆上的凸舌充分接合。

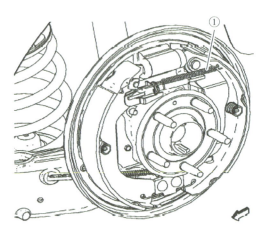

（8）安装制动鼓。参见"制动鼓的更换"。
（9）安装轮胎和车轮总成。
（10）降下车辆。

拓展与学习

看一看

中重型载货汽车楔式制动器的结构特点

楔式制动器的制动蹄依靠在柱塞上，柱塞内端面是斜面，与支于隔离架两边槽内的滚轮接触。制动时，轮缸活塞在液压作用下使制动楔向内移动，制动楔又使二滚轮一面沿柱塞斜面向内滚动，一面使二柱塞在制动底板的孔中向外移动一定距离，从而使制动蹄压靠到制动鼓上。轮缸液压一旦撤除，这一系列零件即在制动蹄复位弹簧的作用下各自复位，如图9-19所示。

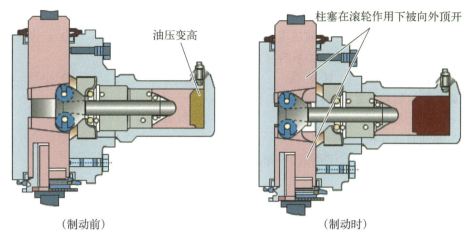

▲图9-19 楔式制动器的组成及工作原理示意图

试一试

中重型载货汽车楔式制动器的拆装

运用已学习的知识和操作技能,尝试在参阅汽车维修手册之后,对中重型载货汽车楔式制动器进行拆装作业;在作业过程中认识楔式制动器结构以及与相关零部件的连接关系。

练习与检测

1. 判断题

(1) 一些简单非平衡式车轮制动器的前制动蹄摩擦片比后蹄摩擦片长,是为了增大前蹄片与制动鼓的摩擦力矩。( )
(2) 简单非平衡式车轮制动器在汽车前进或后退时,制动力几乎相等。( )
(3) 单向双缸平衡式车轮制动器在汽车前进和后退时,制动力大小相等。( )
(4) 双向双缸平衡式车轮制动器在汽车前进和后退时,制动力大小相等。( )
(5) 自动增力式车轮制动器在汽车前进和后退时,制动力大小相等。( )
(6) 鼓式制动器制动时,不旋转的制动蹄对旋转着的制动鼓作用一个摩擦力矩,其方向与车轮旋转方向相反,所以车辆能减速甚至停止。( )
(7) 车辆在前进、后退制动时,如两制动蹄都是助势蹄时,则该制动器是双向平衡式制动器。( )
(8) 盘式制动器制动效能比鼓式制动器好,是因为盘式制动器有自增力作用。( )

2. 选择题

(1) 北京BJ2023型汽车的前轮制动器是采用( )。
　　A. 简单非平衡式　　B. 单向平衡式　　C. 双向平衡式　　D. 自动增力式
(2) 液力张开的简单非平衡式车轮制动器,在轮缸内两活塞大小相等的情况下,其制动蹄摩擦片的长度是( )。
　　A. 前长后短　　B. 前后等长　　C. 前短后长　　D. 长度无关

(3) 自动增力式车轮制动器的两制动蹄摩擦片的长度是（　　）。
　　A. 前长后短　　　　B. 前后等长　　　　C. 前短后长　　　　D. 长度无关
(4) 液压制动系统中,一旦制动系内有（　　）,必须立即排除。
　　A. 液体　　　　　　B. 杂质　　　　　　C. 水分　　　　　　D. 空气
(5) 制动蹄与制动鼓之间的间隙过大,将会导致（　　）。
　　A. 车辆行驶跑偏　　　　　　　　　　B. 制动不良
　　C. 制动时间变长　　　　　　　　　　D. 制动距离变长
(6) 鼓式制动器可分为非平衡式、平衡式和（　　）。
　　A. 自动增力式　　　　　　　　　　　B. 单向助势
　　C. 双向助势　　　　　　　　　　　　D. 双向自动增力式

3. 思考题
尝试编制楔式制动器拆装工艺步骤和要点。

模块三　制动总泵和助力器拆装

学习目标

- 掌握制动总泵和助力器的结构和原理；
- 能识别制动总泵和助力器的零部件结构；
- 能按工艺规程对总泵储液罐、总泵和电动制动助力器进行拆装和更换；
- 具有严谨的制动总泵和电动制动助力器拆装质量意识和安全意识。
- 具有良好的技术交流、团队合作和环境保护意识。

学习导入

发现制动总泵漏油或缸体有气孔造成渗漏等现象，那就要拆解制动总泵进行检修；当制动时，助力器会发生异响，比如"卡嗒"一声或连续的"朴朴"声，有明显的异响那就要拆解助力器进行检修；发现真空助力器有漏气现象，也要拆解助力器进行检修。

制动总泵的拆装作业是对主缸活塞、密封圈和推杆等制动总泵内部机件进行检修的前期作业，同时也能清晰地认识以及理解制动总泵的结构和原理；助力器的拆装作业是对控制阀、密封套和气室膜片等助力器内部机件进行检修的前期作业，同时也能清晰地认识以及理解助力器的结构和原理。

任务　制动总泵和助力器拆装

任务描述

有一辆雪佛兰科鲁兹汽车的用户反映，其在汽车制动的过程中，助力器会发生异响，并且发现制动总泵中的制动液有渗漏现象。经维修人员检查初步判断，该车制动总泵和助力器均存在问题，需要拆捡制动总泵和助力器进一步检测。现请你根据液压制动器维修资料，使用专用、通用工具对液压制动器的制动总泵和助力器进行拆装；并在液压制动器拆装过程中，认识液压制动器结构特点以及相互之间的关系，掌握其功用和原理。

任务准备

一、知识准备

1. 液压制动系

1）概述

液压制动系的传力介质是制动液。按增压力源不同,可分为真空增压制动系、液压制动真空加力器和压缩空气增压制动系;按制动管路的布置,可分为单管路制动系和双管路制动系。

双管路制动系统,当其中部分车轮失去制动时,仍有另一半车轮能维持制动,虽然制动效能会有所下降,但汽车不会完全失去制动能力。

液压制动系双管路布置形式有前、后桥分置式;前、后桥交叉式;双桥对双桥1/2分置式(适用于每轮装用两只分泵的汽车)。交叉式双管路液压制动系统如图9-20所示。

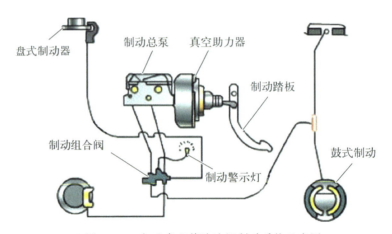

▲图9-20 交叉式双管路液压制动系统示意图

2）液压制动总泵

制动总泵(主缸)的作用是将驾驶员踩制动踏板的机械力转变成液体压力,并将具有一定压力的制动液经管路送到各车轮的制动分泵。

汽车液压制动总泵有单腔式和双腔式。现代轿车上广泛采用双腔串联推杆联动式,如图9-21所示。

双腔串联推杆联动式总泵由贮液缸和工作缸组成。贮液缸用隔板分为前、后两腔,顶部有带通气孔的盖子。工作缸分为前腔(向前轮分泵供油)和后腔(向后分泵供油)。工作缸内有前活塞和后活塞,前、后活塞之前有联动推杆,活塞上装有密封圈和回位弹簧。缸体上有与前、后分泵连通的出油孔和两套与贮液缸相通的回油孔和补偿孔。后腔活塞所占容积大于前腔活塞所占容积,会造成后桥制动力不足,为补偿后腔活塞多占的容积,一般将缸筒制成后大前小的阶梯形。

制动时,通过活塞推杆推动后活塞,再经推杆带动前

▲图9-21 双腔串联推杆联动式总泵

活塞，压缩回位弹簧使前、后活塞一起前移，使前、后腔容积缩小，在活塞封闭回油孔后，油压升高，制动液在总分泵之间压力差作用后，从前、后腔的出油孔流向前、后桥分泵实现制动。

放松制动时，活塞推杆后退，活塞在回位弹簧作用下后退，前、后腔容积增大，分泵制动液压力高于总泵制动液压力，部分制动液分别流回总泵前、后腔，制动器的制动作用被解除。

如遇到一脚制动不灵时，迅速放松制动踏板，工作腔容积迅速增大，部分制动液从补偿孔挤开密封圈，从密封圈与缸壁之间流向前、后工作腔，再迅速踩下踏板时，增加的油量被压向分泵，使分泵油量增多，压力升高，实现两脚制动。

在完全放松制动踏板后，回油孔打开，多余的部分制动液可从回油孔流回贮液缸，以避免制动拖滞的产生。

3) 液压制动分泵

液压制动分泵（轮缸）有双活塞式和单活塞式。其作用是将总泵提供的液体压力转变为使制动蹄张开的机械推力。

液压制动分泵的实物如图9-22所示。双活塞式分泵由缸体、两只活塞、皮碗、弹簧、放气阀及放气螺钉和防护罩等组成。活塞内腔有顶块，与制动蹄的端部相嵌合。皮碗用作防止漏油。弹簧的作用是使皮碗与活塞贴紧。放气螺钉用于排放制动系内的空气。一旦制动系内有空气，必须立即排除。

单活塞式分泵与双活塞式分泵比较，少了一只活塞和压紧弹簧，密封皮圈的结构与安装位置不同，其余结构相似。

▲图9-22 液压制动分泵

制动时，总泵输出的压力制动液进入分泵后，对活塞作用一个推力，使活塞向外移动，将制动蹄推压在制动鼓上，从而产生制动作用。放松制动后，轮缸中制动液倒流回总泵，轮缸油压下降，制动蹄拉簧克服分泵内油压，将蹄片拉离制动鼓，使制动解除。

2. 液压制动真空助力器

真空助力器是利用真空加力气室产生的力源，协助踏板力共同推动总泵活塞，减轻驾驶员踩踏板的用力的装置，如图9-23所示。这种装置与总泵安装在一起，使制动系结构较简单、紧凑，广泛用于小型汽车上。

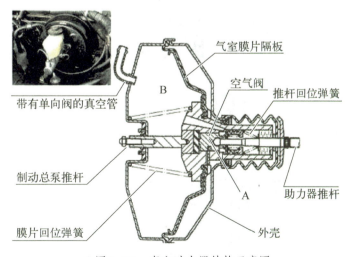

▲图9-23 真空助力器结构示意图

真空助力器与制动总泵相连,控制阀推杆右端与制动踏板连接。工作室由前、后壳体组成,中间夹装有膜片和膜片座。它的前室与带单向阀的真空管和进气管相连,后室的膜片座内有连通气室前室和控制阀腔的通道A和连通气室后室和控制阀腔的通道B。橡胶阀与膜片座上特制的阀座组成真空阀,又与控制阀活塞和大气阀座组成大气阀。控制阀活塞与推杆球头铰接。

不制动时,弹簧将推杆连同活塞向后推到极限位置,阀门被弹簧压在大气阀座上,即大气阀关闭。气室的前、后室经通道A.控制阀通道B相互连通,并与空气隔绝。

制动时,踩下制动踏板,膜片座固定不动,来自踏板的力推动推杆和活塞相对于膜片座前移,当活塞与反作用盘之间的间隙消除后,踏板力便经反作用盘传给制动总泵推杆。总泵的制动液以流入分泵;同时,阀门在弹簧作用下,随同控制阀柱塞前移,直到与膜片座上的真空阀座接触,使前、后气室隔绝。推杆推动活塞前移到后端通大气。前、后气室压力差作用,加力气室膜片和膜片座前移,总泵推杆进一步推动活塞将制动液送入分泵。较小的踏板力,可获得较大的制动力。

制动踏板停在某一位置,控制阀柱塞和推杆停在某个位置上;橡胶阀门随膜片座前移,落到控制阀活塞端面上,与大气阀座贴接,真空阀和空气阀同时关闭,处于平衡状态,此时分泵中压力保持不变。

松开踏板,在弹簧作用下,控制阀活塞和推杆、橡胶阀门一起后移到右边极限位置。在回位中,大气阀门关闭,真空阀开启,使气室左、右压力相等。加力气室膜片及座和制动总泵也回复到原来位置。

二、器材准备

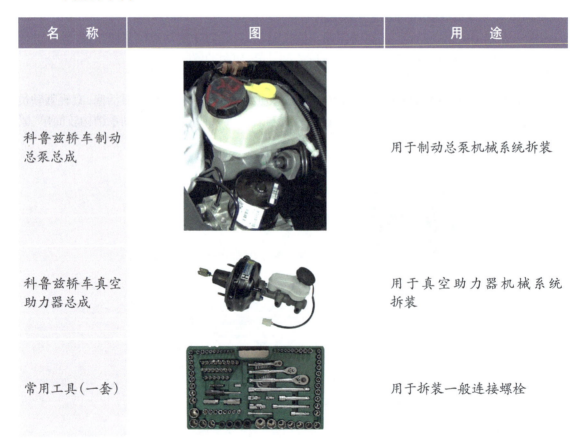

名　称	图	用　途
科鲁兹轿车制动总泵总成		用于制动总泵机械系统拆装
科鲁兹轿车真空助力器总成		用于真空助力器机械系统拆装
常用工具(一套)		用于拆装一般连接螺栓

（续表）

名 称	图	用 途
定扭力扳手		用于紧固定扭矩螺栓
雪佛兰科鲁兹维修手册	2015款雪佛兰科鲁兹维修手册	用于查阅制动系统拆装工艺和数据

任务实施

1. 总泵储液罐的更换

1）预备程序

从总泵储液罐③中排出制动液并报废。

2）制动液液位指示灯开关

（1）断开电气连接器。

（2）顺时针转动液位指示灯①且向上将其拆下。

3）总泵储液罐螺栓②：用定扭力扳手紧固至2.5 N·m

4）总泵储液罐

（1）检查总泵是否损坏，必要时进行更换。

（2）用工业酒精清洁储液罐。

（3）用经过过滤的、不含润滑脂的压缩空气干燥储液罐。

（4）安装总泵储液罐密封件④（数量：2）

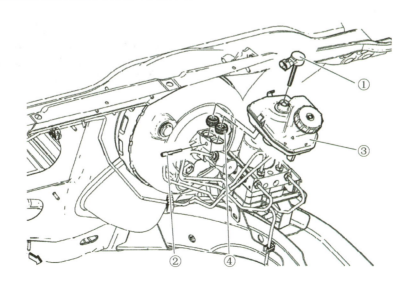

注意事项

◇ 向制动液储液罐或离合器储液罐中添加制动液时,仅使用清洁、密封容器中的DOT-4+制动液。这种聚乙二醇制动液吸湿且吸潮。请勿使用开口容器中可能受水污染的制动液。不正确或受污染的油液可能会导致系统部件的损坏。

2. 总泵的更换
1) 拆卸程序

 注意事项

◇ 切勿断开发动机冷却液软管。

(1) 拆下散热器缓冲罐夹子②。
(2) 拆下散热器缓冲罐①并放置在一边不排水。

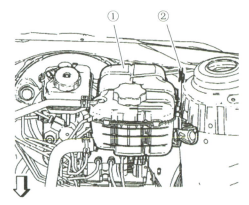

(3) 断开制动液液位指示灯开关电气连接器且与制动液储液罐分离。

(4) 断开总泵副制动管接头①。盖上制动管接头并堵住总泵出口以防止制动液流失和污染。

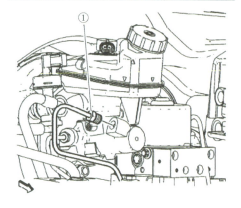

(5) 断开总泵主制动管接头①。盖上制动管接头并堵住总泵出口以防止制动液流失和污染。

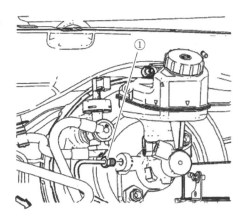

(6) 拆下并报废总泵螺母①。
(7) 拆下带制动液储液罐的总泵。
(8) 检查总泵至真空制动助力器的密封件是否损坏，必要时进行更换。
(9) 必要时拆下总泵储液罐。

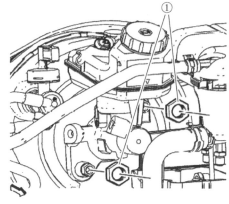

2）安装程序
(1) 安装制动液储液罐到总泵上。
(2) 确保总泵至真空制动助力器密封件正确安装在总泵桶上。
(3) 执行总泵台钳排气。
(4) 安装总泵。
(5) 安装新的总泵螺母①，用定扭力扳手紧固至 50 N·m。

(6) 安装制动液液面指示开关线束至制动液储液罐并连接电气连接器。
(7) 连接总泵主制动管接头①，用定扭力扳手紧固至 18 N·m。

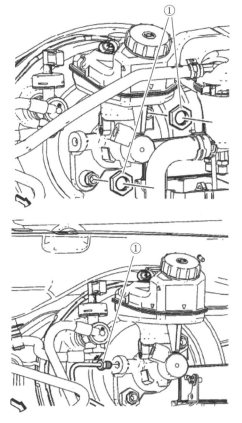

(8)连接总泵次级制动管接头①,用定扭力扳手紧固至18 N·m。

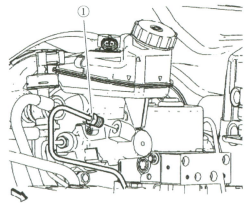

(9)重新定位并安装散热器缓冲罐①。
(10)安装散热器缓冲罐夹子②。

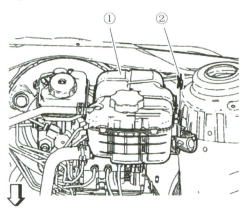

(11)对液压制动系统排气。
3. 电动制动助力器的更换
1)拆卸程序

> **注意事项**
> ◇ 切勿断开发动机冷却液软管。

(1)将点火开关置于OFF(关闭)位置。
(2)拆下散热器缓冲罐夹子②。
(3)拆下散热器缓冲罐夹子①。将散热器缓冲罐放置在一边。

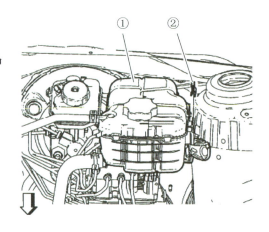

(4) 拆下制动液储液罐盖并安装 CH-558-10 盖①,以防止制动液流失和污染。

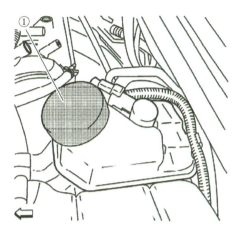

> **注意事项**
>
> ◇ 务必在点火开关处于 OFF(关闭)位置的情况下连接或断开电子制动控制模块/电子制动与牵引控制模块的线束连接器。未能遵循此说明可能会导致电子制动控制模块/电子制动与牵引控制模块损坏。

(5) 从电子制动控制模块/电子制动与牵引控制模块上断开电气连接器。

(6) 从制动压力调节阀上拆下 6 根制动管①,②。

> **注意事项**
>
> ◇ 盖上制动管接头,以防止制动液流失和污染。

(7) 断开总泵副制动管接头①。

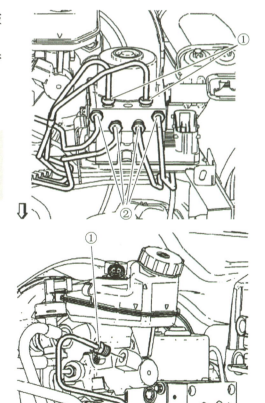

(8) 断开总泵主制动管接头①。

(9) 拆下制动压力调节阀托架螺栓②。
(10) 拆下制动压力调节阀托架总成①。

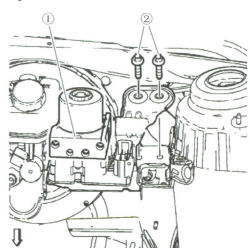

(11) 从助力器上拆下制动总泵总成。参见"总泵的更换"。

(12) 从助力器上拆下助力器真空管①。

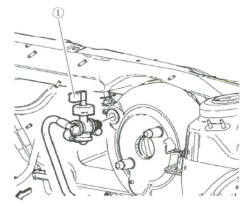

(13) 从制动踏板上断开制动踏板推杆①。

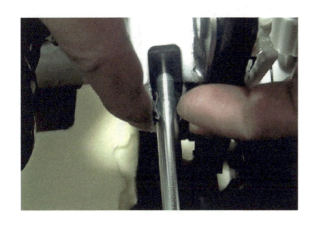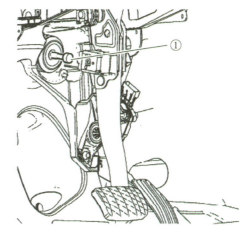

(14) 拆下制动助力器螺栓①。

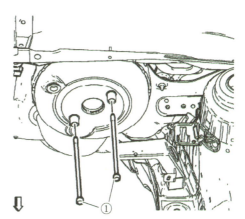

(15) 从车辆上拆下助力器。
2) 安装程序
(1) 安装助力器至车辆。
(2) 安装制动助力器螺栓①，用定扭力扳手紧固至19 N·m。

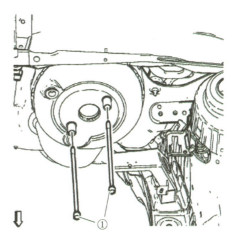

（3）连接制动踏板推杆①至制动踏板。

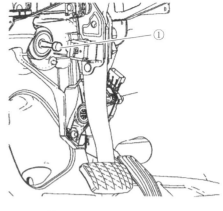

（4）安装助力器真空管①至助力器。

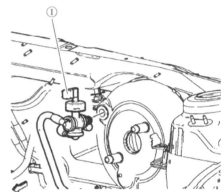

（5）安装总泵总成至助力器。参见"总泵的更换"。
（6）安装制动压力调节阀托架总成①。
（7）安装制动压力调节阀托架螺栓②，用定扭力扳手紧固至20 N·m。

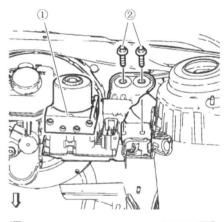

（8）连接总泵主制动管接头①，用定扭力扳手紧固至18 N·m。

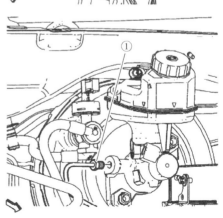

(9) 连接总泵主制动管接头①,用定扭力扳手紧固至18 N·m。

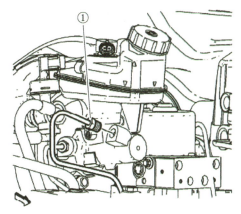

(10) 安装6根制动管①和螺钉②至制动压力调节阀,用定扭力扳手紧固至18 N·m。

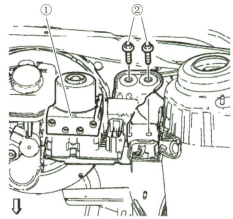

(11) 连接电气连接器至电子制动控制模块/电子制动与牵引控制模块。

 注意事项

◇ 盖上制动管接头,以防止制动液流失和污染。

(12) 拆下CH-558-10盖①并安装制动液储液罐盖。

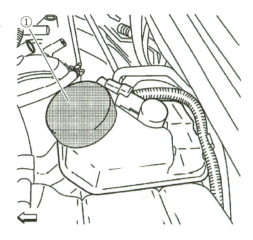

(13) 安装散热器缓冲罐①。
(14) 安装散热器缓冲罐夹子②。

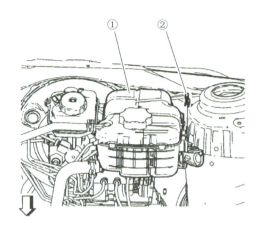

(15) 对液压制动系统排气。

拓展与学习

载货汽车气压助力式伺服制动系统的结构特点

气压助力式伺服制动系统内有液压和气压两套系统,且都是双回路,其助力作用依靠压缩空气而产生。在车上安装气压罐以及附属控制系统,通过系统自身,而不是发动机产生压力,进而产生助力效果,如图9-24所示。

气压助力式伺服制动系统的有优点是气压助力缸力量大、反应快、容易控制,驾驶员踏板

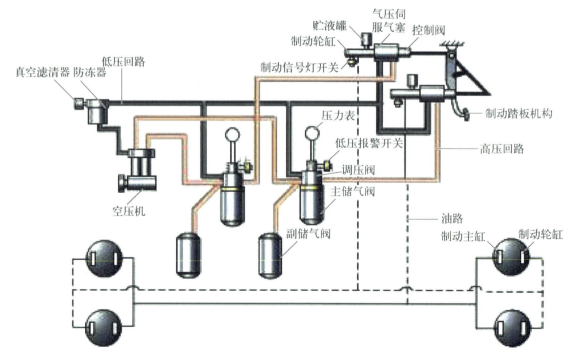

▲图9-24 气压助力式伺服制动系统示意图

力可以减小很多,并且维修更换方便,与总泵(液压缸)之间采用高压油管连接,节省了空间,力传递更简单;缺点是管路易坏、精度较低,同时力的大小难以控制。

> 试一试

载货汽车气压助力式伺服制动系统的拆装

运用已学习的知识和操作技能,尝试在参阅汽车维修手册之后,对载货汽车气压助力式伺服制动系统进行拆装作业;在作业过程中认识气压助力式伺服制动系统结构以及与相关零部件的连接关系。

练习与检测

1. 判断题

(1) 双腔串联推杆联动式总泵由贮液缸和工作缸组成。(　　)
(2) 液压制动系的传力介质是制动液。(　　)
(3) 液压制动分泵(轮缸)有双活塞式和单活塞式。(　　)
(4) 双管路制动系统,当其中部分车轮失去制动时,仍有另一半车轮能维持制动。(　　)
(5) 现代轿车上广泛采用双腔串联推杆联动式。(　　)
(6) 液压制动的汽车由于温度过高制动液汽化而产生气阻会造成制动不良。(　　)
(7) 对于双管路制动传动装置,当其中一套管路发生制动失效时,另一套管路仍能继续工作,使汽车仍具有一定的制动能力。(　　)
(8) 制动主缸的作用是将由制动踏板输入的机械推力转变成制动力。(　　)

2. 选择题

(1) 液压制动系双管路布置形式有前、后桥(　　);前、后桥(　　)。
 A. 分置式、交叉式 B. 交叉式、龙门式
 C. 龙门式、剪刀式 D. 剪刀式、交叉式
(2) 真空加力器(又叫助力器)是利用真空加力气室产生的力源,协助踏板力共同推动(　　),减轻驾驶员踩踏板的用力的装置。
 A. 总泵活塞 B. 分泵活塞 C. 气缸活塞 D. 皮碗活塞
(3) 液压制动主缸在不制动时,其出油阀和回油阀的开闭情况是(　　)。
 A. 出油阀和回油阀均开启 B. 出油阀关闭而回油阀开启
 C. 出油阀开启而回油阀关闭 D. 双阀均关
(4) 在不制动时,液力制动系中制动主缸与制动轮缸的油压是(　　)。
 A. 主缸高于轮缸 B. 主缸与轮缸相等
 C. 轮缸高于主缸 D. 主缸和轮缸是零
(5) 在解除制动时,液压制动主缸的出油阀和回油阀的开闭情况是(　　)。
 A. 先关出油阀再开回油阀 B. 先开回油阀再关出油阀
 C. 两阀都打开 D. 两阀同时打开,同时关闭
(6) 真空助力式液压制动传动装置,加力气室和控制阀组成一个整体,叫做(　　)。
 A. 真空助力器 B. 真空增压器

  C. 空气增压器   D. 空气助力器

(7) 汽车液压制动个别车轮制动拖滞是由于(　　)。
  A. 制动液太脏或黏度过大   B. 制动踏板自由行程过小
  C. 制动蹄片与制动鼓间隙过小   D. 制动主缸旁通孔堵塞

(8) 踩下汽车制动踏板时,双腔制动主缸中(　　)。
  A. 后腔液压先升高
  B. 前腔液压先升高
  C. 前后腔同时升高
  D. 后腔液压先升高、前腔液压先升高、前后腔同时升高都有可能

3. 思考题

尝试编制气压助力式伺服制动系统拆装工艺步骤和要点。

图书在版编目（CIP）数据

汽车机械系统结构与拆装/忻芸,王伟春主编.—
上海：华东师范大学出版社,2017
ISBN 978-7-5675-6916-4

Ⅰ.①汽… Ⅱ.①忻…②王… Ⅲ.①汽车—发动机
—机械系统—系统结构 ②汽车—发动机—机械系统—装配
（机械） Ⅳ.①U472.43

中国版本图书馆CIP数据核字（2017）第226141号

汽车机械系统结构与拆装

主　　编　忻　芸　王伟春
项目编辑　皮瑞光
特约审读　李兴福
责任校对　冯寄湘
装帧设计　庄玉侠

出版发行　华东师范大学出版社
社　　址　上海市中山北路3663号　邮编 200062
网　　址　www.ecnupress.com.cn
电　　话　021-60821666　行政传真 021-62572105
客服电话　021-62865537　门市（邮购）电话 021-62869887
地　　址　上海市中山北路3663号华东师范大学校内先锋路口
网　　店　http：//hdsdcbs.tmall.com/

印 刷 者　上海新华印刷有限公司
开　　本　787毫米×1092毫米　1/16
印　　张　19
字　　数　469千字
版　　次　2018年7月第1版
印　　次　2024年2月第3次
书　　号　ISBN 978-7-5675-6916-4
定　　价　44.90元

出版人　王　焰

（如发现本版图书有印订质量问题,请寄回本社客服中心调换或电话021-62865537联系）